JN173018

THE LITTLE BOOK OF
HYGGE

—ヒュッゲ—

365日
「シンプルな幸せ」
のつくり方

マイク・ヴァイキング

ニコライ バーグマン［解説］

アーヴィン香苗［訳］

三笠書房

CONTENTS

INTRODUCTION
ヒュッゲ——心がふんわり温かくなる方法

フーガ？ ヒューグ？ ヒュー？……
どう読むかなんて、ささいなこと。
「HYGGE」というスペルだって、問題ではありません。
かの偉大な哲学者「くまのプーさん」もこう言っています——
「つづりなんか、どうでもいいんだよ。ただ感じればいいだけさ」。

スペルや発音を説明するのは簡単です。でも、「ヒュッゲっていったい何？」をきちんと説明するには、ちょっとしたセンスが必要です。

「人との温かいつながりをつくる方法」「心の安らぎ」「不安がないこと」もヒュッゲですし、「お気に入りのものに囲まれて過ごす幸せ」「心地よい一体感」もヒュッゲ、そして私のお気に入り、「キャンドルのあかりのそばでココアを飲む」こともヒュッゲ。
　どれもこれもヒュッゲなのです。

　ヒュッゲは、何か存在する「もの」ではなく、その場の空気や経験をあらわします。たとえば「大好きな人と一緒にいること」。そんなことがヒュッゲです。
「家に帰ってきたときのホッとする感じ」「外の世界から守られているという安心感」であり、安心だから、よろいを脱いで自分を解放できる。それもヒュッゲ。
　ちょっとしたことも、人生の一大事もヒュッゲです。ふたりで静かに寄り添うときも、ひとりで紅茶を飲む幸せもまたヒュッゲでしょう。

　ある12月のクリスマス前、私は古びた山小屋で友だちと週末を過ごしていました。あたりは一面、雪のじゅうたんを敷きつめたように、真っ白でキラキラ輝いています。その日はちょうど冬至で、夕方4時にはもう日が沈み、つぎに太陽が出てくるのは17時間後です。

　私たちは火を起こすために山小屋に入りました。

　ハイキングのあとだったので、みんな疲れきっています。分厚いセーターと毛糸の靴下を身につけ、半分ウトウトしながら暖炉を囲んで座っていました。聞こえてくるのは、シチューが煮える音、薪^{まき}のパチパチという音、だれかがホットワインをすする音だけ。

　その静寂を破って、友だちのひとりがこう言いました。

「なあ、これ以上のヒュッゲってあるかな？」
　ちょっともったいぶった聞き方です。

「そうね、あるかも」
　ちょっとしてから、女の子が答えました。
「外で嵐が吹き荒れてたら、もっとヒュッゲじゃない？」

　みんな、その言葉にうなずきました。

「幸せのカギ」を探して

ここで、私ことマイク・ヴァイキングの自己紹介をさせてください。私の仕事は「みんなを幸せにするものは何か」について研究すること——そう、世界一すてきな仕事です。働いているところは「ハピネス・リサーチ研究所」といいます。「心と体の健康」「満たされた暮らし」「生活の質を高めること」など、人の幸せにまつわるあらゆることを検証し、世界中のみんなの人生がどうすればもっとよくなるかを考えています。

私たちがデンマークに研究所をつくって活動しているのは、この国が「世界でもっとも幸せな国」の上位に名を連ねる常連だからです。

もちろん、デンマークだって完璧な理想郷ではなく、さまざまな問題や課題を抱えています。それでもデンマークには、ほかの国がお手本にできるようなヒントがたくさんあると考えています。

「世界でもっとも幸せな国」であるデンマークには、多くのメディアが注目しています。実際、週に一度は、こんな質問が私のところに舞いこんできます。

「なぜ、デンマーク人はそんなに幸せなのでしょうか」
「デンマーク人から何を学べば、幸せになれるでしょうか」

アメリカの「ニューヨーク・タイムズ」紙、イギリスの「BBC（イギリス放送協会）」、中国の「チャイナ・デイリー」紙など、じつにさまざまなメディアのジャーナリストが、こんな質問を寄せてきます。

さらには政治家や研究者が、文字どおり世界中からハピネス・リサーチ研究所にやってきます。デンマーク人がなぜそんなに幸せなのか、せめてその理由を知りたいというのです。気候は厳しく、しかも世界

でもっとも税金の高いデンマークが、いったいなぜ……？

　興味深いことに、「福祉国家」というしくみは国民から多くの支持を集めています。デンマーク人ならだれでも、福祉国家とは「みんなの豊かさを福祉に分け与えること」だと知っているからです。だから私たちは、税金を払っているというより、ゆくすえの上質な暮らしを買うために「社会に投資」している感覚でいます。

　未来への不安を減らし、国民が不幸のどん底に落ちることを防ぐこのしくみは、デンマークが幸せな国であるゆえんと言っていいでしょう。

　しかし最近、私は多くの人が見逃していたポイントがあることに気がつきました。それが「ヒュッゲ」です。

　この言葉は、「満ち足りること」という意味のノルウェー語から来ています。「ヒュッゲ」という言葉がはじめて書物にあらわれるのは1800年代はじめのことで、「満ち足りること」「幸せであること」と「ヒュッゲ」につながりがあるのは、けっして偶然ではありません。

　ヨーロッパ社会調査機関によると、デンマーク人は「ヨーロッパでいちばん幸せな国民」であると同時に、「友だちや家族といちばんよく会っている国民」「もっとも心が落ち着いていて、穏やかに生きている国民」でもあります。だから、みんなが興味を持つんですね。

　では、実際にヒュッゲをつくり出すにはどうすればよいでしょう？
　ヒュッゲと幸せは、どのような関係にあるのでしょう？
　──この本で、その答えを見つけていきましょう！

CHAPTER 1

心が豊かになる
「あかり」の魔法

キャンドルをともせば、
ヒュッゲはすぐにやってくる

ヒュッゲをつくり出すのに、キャンドルは欠かせません。デンマーク人に「ヒュッゲと聞いて思い浮かべるものは何か？」とたずねると、なんと85パーセント以上の人が「キャンドル」と答えます。

デンマーク語の「リュススロッカー（lyseslukker）」は「座を白けさせる人」という意味ですが、直訳すると「キャンドルを消す人」です。もちろん、これは偶然の一致ではありません。

ヒュッゲな状態をつくるいちばんの近道は、キャンドルに火をともすことです。キャンドルは、デンマークで「リヴェナ・リュス（levende lys ＝生きているあかり）」とも言われています。

在デンマークのアメリカ大使、ルーファス・ギフォード氏が、デンマーク人のキャンドル好きについてこう述べています。

「キャンドルは、リビングルームに飾られているだけではありません。いたるところにある。教室にも、会議室にも。アメリカ人ならきっとこう言うでしょう――『大変だ！ 火事になるぞ！ 教室で火を燃やすなんて！』でも、デンマーク人にとってキャンドルのあかりは、心を幸せで満たしてくれるものなんですね」

ヨーロッパ・キャンドル協会によると、デンマークは1人当たりのキャンドル消費量がヨーロッパでいちばん多いそうで、年間消費量は6キログラムにもなります！（余談ですが、デンマーク人のベーコンの消費量は1人当たり年間3キログラム。これもデンマークを知るためによく使われるデータです）。

ヨーロッパでキャンドル消費量が2番目に多いのはオーストリアですが、消費量はたったの3.16キログラム。デンマークは、その2倍近い量を消費しているのです。

　ただし、アロマキャンドル（香りつきのキャンドル）はあまり人気がありません。その証拠に、デンマーク最古のキャンドルメーカーであるアスプ・ホルムブラッド社はアロマキャンドルをつくっていません。

　アロマキャンドルは人工的なものとされ、自然のもの、オーガニック製品を好む傾向にあるデンマーク人は、使いたがらないのです。

　ちなみに、オーガニック製品を買うことが多いのもデンマーク人で、ヨーロッパでトップクラスです。

　デンマークでは、秋と冬にほぼ毎日キャンドルをともす人が過半数で、キャンドルをまったく使わない人はわずか4パーセントです。

　12月はキャンドルの消費量がいつもの3倍にはね上がり、この時期ならではの「アドベントキャンドル」が出回ります。このキャンドルには24日分の目盛りが刻まれていて、12月に入ったらクリスマスまで毎日、1日1目盛ずつキャンドルをともしていくのです（223ページの写真参照）。世界一のんびりとしたカウントダウンですね！

　もうひとつ、特別なキャンドルを使う行事があります。それが5月4日のキャンドル祭「リュスフェスト（lysfest）」です。

　1945年のその日の夜、デンマークを占領していたドイツ軍が連合軍に降伏したというニュースを、BBC放送が伝えました。第二次世界大戦中、デンマークも街のあかりで敵の飛行機に攻撃されないように、灯火管制が敷かれていました。今でも、デンマーク人は窓辺

にキャンドルをともして、5月4日の夜にあかりが戻ってきたことをお祝いするのです。

　キャンドルはヒュッゲに欠かせませんが、ひとつだけ深刻な問題があります。それは「煙」。

　ある研究結果によると、1本のキャンドルに火をともすだけで、空気中にただよう微粒子の量が、交通量の多い道路よりもずっと多くなることがわかりました。またデンマーク建築物研究所の研究では、屋内での粒子の放出量は、タバコや調理よりもキャンドルのほうが多いという結果が出ています。

　デンマークは環境保護に対する規制が厳しい国ですが、キャンドルのラベルにはいまだに何の警告表示もありません。

デンマーク人に聞きました。どれくらいの頻度でキャンドルを使いますか？

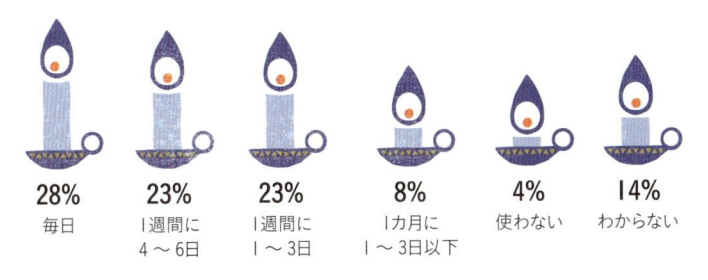

28%	23%	23%	8%	4%	14%
毎日	1週間に4〜6日	1週間に1〜3日	1カ月に1〜3日以下	使わない	わからない

キャンドルは一度に何本使いますか？

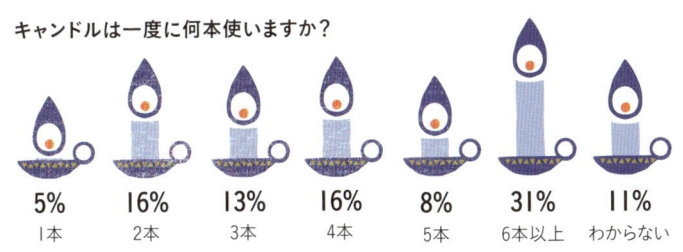

5%	16%	13%	16%	8%	31%	11%
1本	2本	3本	4本	5本	6本以上	わからない

照明へのこだわり

キャンドルだけがあかりではありません。デンマーク人はおおむね、照明に強いこだわりを持っています。かくいう私も、ヒュッゲなあかりで演出されたレストランを探して、彼女とローマの街を2時間歩き回ったことがあります。

デンマーク人は照明をじっくりと選び、考え抜いて配置することで、やわらかな陽だまりをつくり出そうとします。それは芸術であり、科学であり、産業にもなっています。

世界でもっとも美しいデザインとされるランプは、デンマーク・デザインの黄金期が発祥のもの。なかでも有名なのが、ポール・ヘニングセン、アルネ・ヤコブセン、ヴェルナー・パントンといったデザイナーたちの作品です。

デンマークでは、学生が暮らすアパートの質素な部屋であっても、小さな部屋の片隅に、1,000ユーロ（約13万円）もするヴェルナー・パントンのランプが置いてあるかもしれません。

照明の色温度が低ければ低いほど（つまり薄暗ければ薄暗いほど）、ヒュッゲの度合いは高まります。

カメラのフラッシュの色温度はおよそ5,500K（ケルビン）、蛍光灯は5,000K、白熱灯は3,000Kです。一方、夕暮れどきや森の中、キャンドルのあかりはおよそ1,800K。これが気持ちのいい値です。

ですから、デンマーク人をディナーに招待して、蛍光灯のまばゆいあかりの下に座らせれば、たちまち様子がおかしくなります。

最初は目を細めて、天井のあかりが何であるのか確かめます。ディナーが始まると、落ち着かない様子でソワソワし、突然モゾモゾと体を動かしたりして、激しい苦痛に何とか耐えようとするでしょう。

なぜデンマーク人は、ここまであかりにこだわるのでしょう？

　それは、10月から3月までの間、ずっと自然の光を浴びられないからです。この間、デンマークは暗闇に包まれます。

　反面、デンマークの夏はとても美しく輝きます。待ちに待った太陽が帰ってくると、人々は冬眠から目覚め、われ先にと自然光の降りそそぐ場所を探しもとめます。

　暗くて寒い冬も、短い夏も、悪いものではないかもしれません。では、雨の日が1年365日のうち179日もあるというのはどうでしょう。それがデンマークという国です。

　このことから、なぜヒュッゲがデンマーク人のアイデンティティーや文化に深く根ざしているかが見えてきます。

　ヒュッゲは、寒さの厳しい冬、雨の多い日々、分厚いベルベットのような暗闇をどうにかする対処法なのです。ヒュッゲは1年中暮らしと共にありますが、とくに冬場は生活に欠かせないものになります。生き抜くための手段と言いかえてもいいでしょう。

　ですから、デンマーク人はヒュッゲをこよなく愛するのですね。

　コペンハーゲンにある私の部屋で、お気に入りの場所は台所兼ダイニングの窓辺です。窓辺といってもゆったりと座れるほどの広さがあるので、クッションと毛布を持ちこんで「ヒュッゲクローウ」（38ページ参照）をつくり出すのです。窓辺の下にヒーターがあるので、そこは寒い冬の夜に紅茶をゆっくりと味わうのにもってこい。

　ですが、その空間でいちばん気に入っているのは、中庭の向こうの建物からもれる暖かい琥珀色の輝きです。そこから見える光のモザイクは、人が出入りするたびに絶えず模様を変えていきます。

　こんなながめを楽しめるのは、ポール・ヘニングセンのおかげと言ってもいいでしょう。「PH」のイニシャルでおなじみの、この建築家兼デザイナーによるランプは、おしゃれな部屋には欠かせない要素です。

エジソンが電球の発明者なら、ポール・ヘニングセンは世界ではじめて照明器具の設計をした人。彼はあかりにこだわり抜き、照明器具のデザインに生涯をささげました。「世界初の照明アーティスト」と称されることもあります。

　満ち足りた気持ちで暮らすにはあかりがカギになることを、彼は見抜いていました。そして、ギラギラした光を直接人に浴びせることなく、ふんわりと光を拡散させる照明ランプを発明したのです。

　ポール・ヘニングセンは1894年生まれ。子どものころに電球はなく、灯油ランプのやわらかい光に包まれて育ちました。これが彼の発想の原体験になっています。

　彼のデザインは、形状を工夫することで電球のギラつきをおさえ、灯油ランプの光のようなやわらかさを実現しています。

> 　適切に部屋を明るくするために必要なものは、お金ではなく文化です。18歳のころから、私はあかりについて実験をくり返し、部屋と明るさとの調和を追究してきました。
>
> 　人間は子どものようなもので、新しいおもちゃを手にすると、それまでの文化を捨てて、お祭り騒ぎを始めます。電灯を使い出すと、それに取りつかれてしまうかもしれません。
>
> 　夜、路面電車の屋根から、1階にある部屋を片っぱしからのぞきこんでみれば、人々の家があまりにも寒々としていて身ぶるいすることでしょう。家具、生活様式、カーペット、どれも重要ではありません。あかりの配置に比べたら、ささいなことです。
>
> 　　「あかりについて」**ポール・ヘニングセン**（1894–1967）

デンマークを代表する
３つの照明

❶ PHランプ

　ヘニングセンは10年間にわたり、屋根裏部屋で照明や調光についての実験を重ね、1925年に最初のPHランプを発表しました。

　シェードを層状に重ねることでやわらかい光をたくさん飛ばし、電球は直接見せないようにして、光だけを広く行きわたらせるデザインです。さらに、まぶしい白い光を赤い光に近づけるため、PHランプではシェードの内側のひとつに赤色を採用したものもあります。

　このシリーズで最大のヒットは金属製のシェードを用いた「PH5」で、1958年に発売されました。その後、現在までPHランプは製造されつづけており、その種類はゆうに1,000を超えています。多くが今では製造中止になっていますが、レアなものはオークションで２万ポンド（約290万円）を超える高値で落札されることもあります。

② レ・クリント

　クリント一族が1943年に生産を開始した、プリーツ（ひだ）を施したランプシェード。じつのところ、これはその40年ほど前にすでにデザインされていたもので、デンマークの建築家ピーザ・ヴィルヘルム・イェンセン・クリントが自分で使う灯油ランプのシェードとして発案しました。そのデザインを応用してクリントの息子や娘たちが新しい風を吹きこみ、一大事業になりました。

③ パントンVPグローブ

　パントンVPグローブは、地球（グローブ）のような球体の中央から穏やかな光を放つペンダントランプです。1969年、ヴェルナー・パントンによってデザインされました。

　プラスチックや金属といった現代的な材料をこよなく愛したパントンは、デンマーク・デザインの「破壊者」とも呼ばれています。彼が学んだ王立デンマーク美術アカデミーは、建築やデザインの最先端を行く教育機関で、現在では自然光と人工のあかりを検証する「照明実験室」が設置されています。

ヒュッゲな光で美しくなる

デンマーク人と同じようにあかりにこだわる人、それは写真家です。そもそも「フォトグラフィー（Photography）」という単語は「光で描き出す」という意味。自分から「光で描き出す」ことで、それぞれの暮らしをもっと豊かにできます。

私は写真が大好きで、この10年間で何万枚もの写真を撮影しました。お気に入りは「ゴールデンアワー」の光。ゴールデンアワーとは、だいたい日の出後の1時間と日没前の1時間を指します。

太陽が空の低いところにあるとき、その光は大気中のより深いところまで達し、暖かくてやわらかい光をたくさん飛ばします。「マジックアワー」と呼ばれることもあり、女性がもっとも美しく見える時間だと思います。

家の中でヒュッゲなあかりを演出するときは、ゴールデンアワーの光を目標にしましょう。このあかりは、何もかもに魔法をかけてくれます。みんなが「絵から抜け出したように美しく」なれますよ。インスタグラムのフィルターを使うよりもずっと効果的ですから、お試しください。

ヒュッゲのヒント ヒュッゲなあかりをつくり出すには？

お察しのとおり、まず用意するのはキャンドルです。ただし部屋の換気をお忘れなく。ひょっとして電気の光のほうがお好みでしょうか？ それなら、天井に大きなランプをひとつ吊るすのではなく、小さな照明をいくつか部屋に配置しましょう。そのほうがヒュッゲなあかりを演出できます。部屋のあちこちに、あかりの小さな陽だまりをつくり出してみましょう。

CHAPTER 2

ヒュッゲについて
話しましょう

ヒュッゲと言わずに
いられない

残念なことに、デンマーク語が「美しい言葉だ」とほめられること
はめったにありません。グーグルで「デンマーク語はどんなふうに聞
こえる?」と検索したとき、よく引っかかってくる言葉は「ドイツ
語」と「ポテト」。外国人にとってデンマーク語は、口の中に熱々の
ポテトを入れてドイツ語を話しているように聞こえるんですって!

もっとひどいものだと、「病気のアザラシが息を詰まらせているみ
たい」という表現も。さんざんな言われようのデンマーク語ですが、
ヒュッゲを語るとなると、それはもう豊かな言語なのです。

ヒュッゲという言葉は動詞でもあり、形容詞でもあります。形容詞
として使うときは、「ヒュッゲらしい」「ヒュッゲ的だ」という言い方
をします。「なんてヒュッゲな部屋なの!」「あなたに会えるなんて、
すごくヒュッゲだわ!」「ヒュッゲな時間を過ごしてね!」——こん
なふうに使います。

私たちデンマーク人はどんなことでも、「いかにヒュッゲか」を言
わずにはいられないのです。それもひっきりなしに。
ヒュッゲな瞬間に、その場でヒュッゲを語るだけではありません。
金曜の集まりがどれほどヒュッゲになるか、事前にワクワクしながら
語り合い、翌週の月曜になれば、前の金曜がどれほどヒュッゲだった
か、思い出し合うのです。

何かの集まりがあると、ヒュッゲかどうかが重要な評価基準になり
ます。「ねぇあなた、お客様はみんなヒュッゲしてくれた(hyggede)
かしら?」といった具合に。ヒュッゲド(hyggede)はヒュッゲの過
去形。動詞的用法ですね。発音してみようなんて思わなくていいです
よ!

HYGGE

HOO
GA

数週間に一度、私は仲間と集まってポーカーをします。かなり国際色豊かなグループで、メキシコ、アメリカ、トルコ、フランス、イギリス、インド、デンマークと出身国もさまざま。

　話のタネはいっぱいあります。恋人の話もすれば、大砲の弾の代わりにオレンジを詰めて飛ばす方法を議論したりもします。

　メンバーの背景がバラバラなので、共通語は英語です。それでも、テーブルを囲むメンバーがよく口にするデンマーク語がひとつだけあります。もうおわかりですね！

　この言葉をいちばんよく使うのはメキシコ出身の友人で、大負けするとこう言います。「勝ち負けはどうでもいいんだよ。ヒュッゲを味わいたくてここに来てるんだもんな！」

　ヒュッゲは、カフェやレストランのセールスポイントとしてもよく用いられます。デンマーク語で「きれいなレストラン」と検索すると、グーグルで約7,000件表示されます。「質の高いレストラン」なら約9,600件、「安いレストラン」なら約3万600件です。それが「ヒュッゲなレストラン」になると、約8万8,900件もヒットするのです。

ヒュッゲは別の言語に言いかえられると思いますか？

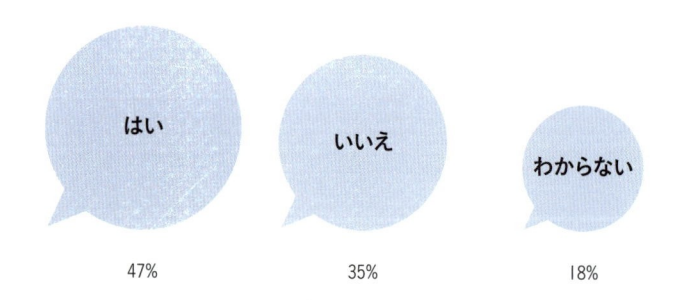

はい	いいえ	わからない
47%	35%	18%

旅行ガイドブックの『ロンリープラネット』にはこう書かれています。「デンマーク人はみんな、居心地のよさにひどくこだわる。皮ジャンでバイクに乗る荒っぽい連中でさえ、『ヒュッゲ』なバーをすすめようとする」

　デンマーク人にとってはヒュッゲがすべて。場所も値段も品質も、この際、関係ありません。
　私の住むコペンハーゲンはカフェが多く、マンションの向かいにも１軒あります。そこのコーヒーはじつにひどくて、魚くさい味がするうえに１杯５ユーロ（約650円）もします。それでも、私はこのカフェの常連です。なぜなら、囲いのない暖炉があって、ヒュッゲな場所だからです。

　暖炉はデンマーク特有のものではありませんし、キャンドルも、気の置けない仲間も、嵐の夜にマグカップを持って毛布にくるまるのも、デンマークだけのものではありません。
　でもデンマーク人は、ヒュッゲはデンマーク独自のもので、これほどデンマークらしいものはないと言い張ります。ですから、国民の３分の１は「ヒュッゲは別の言語に言いかえられない」と考えています。

ヒュッゲはデンマークならではの習慣ですか？

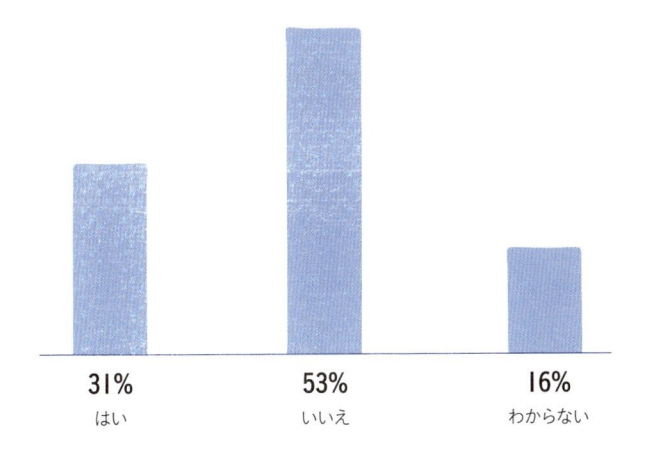

31%	53%	16%
はい	いいえ	わからない

もちろんデンマーク人だけがヒュッゲという概念を持ち、ヒュッゲを見分ける目を持っているわけではありません。

　オランダ語の「ヘゼリハイド」、ドイツ語の「ゲミュートリヒカイト」は、おいしい食べ物とよき仲間に恵まれたときの幸せな気持ちをあらわす言葉で、カナダ人はこの気持ちを「ホーミネス」という言葉で表現します。
　名詞の「ヒュッゲ」に似た意味の形容詞を持つ言語はデンマーク語以外にもありますが、これを動詞としても使うのはデンマーク語だけのようです。「今夜、うちに来てヒュッゲしない？」——こんな表現はデンマーク語ならではだと思います。

　ほかに「デンマークならでは」と言えそうな点は、デンマーク人がいつもヒュッゲを大事にし、デンマーク文化の性格を決めているのはヒュッゲであり、国家のDNAにも組みこまれていると考えている点でしょう。

　デンマーク語は、いくらでも単語をつけ足して複合語をつくれる言語です。たとえば speciallægepraksisplanlægningsstabiliseringsperiode（スペシャルレーエプラクスィスプランレグニングススタビリセアリングスペリオード＝安定期における専門医の診療計画）。おどろくなかれ、この51文字単語は実際に存在します。
　ヒュッゲも同じで、いろいろなデンマーク語をくっつけることができます。「広める」という単語をつけ足した hyggespreder（ヒュッゲスプレダー＝ヒュッゲを広める人）にみなさんもなれますし、金曜の夜は家族と過ごすための時間—— familiehygge（ファミリエヒュッゲ）と決まっています。
　hyggesokker（ヒュッゲソッカー＝ヒュッゲな靴下）いうラベルがついた商品もあります。ちなみに、私たちのハピネス・リサーチ研究所ではこんな表示を置いていますよ。

　足が冷える方には、ウールのヒュッゲ靴下をお貸しします。

たとえ名前がちがっても

戯曲『ロミオとジュリエット』の中で、シェイクスピアはこんな有名なセリフを書きました。「名前に何の意味があるというの？　私たちがバラと呼ぶものは、ほかのどんな名前で呼んでも、同じように甘く香るわ」これはヒュッゲにも当てはまるかもしれません。

よき仲間と共に火を囲んで座り、ホットワインを飲むときの温かな雰囲気や心地よさを楽しめるのは、何もデンマーク人だけではありません。

でも、ヒュッゲを「心地よさ」とだけ訳すのは、言葉が足りていないように思います。心地よさだけでは、ヒュッゲの大事な要素がすっぽり抜け落ちているようです。

世界の言語には、ヒュッゲに近い概念をあらわす言葉があります。いくつか紹介しますね。

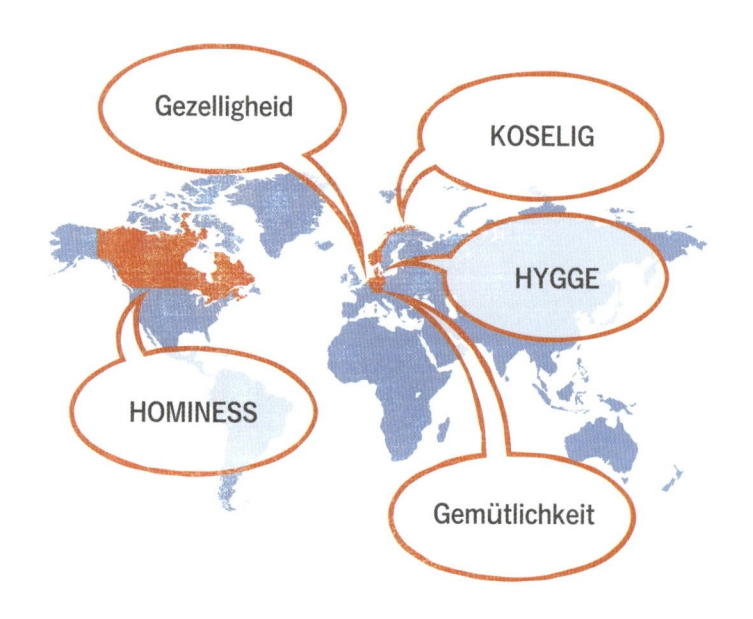

ヘゼリハイド（GEZELLIGHEID）── オランダ

　辞書を調べると、「ヘゼリハイド」は「心地よく、古風で趣^{おもむき}があり、すてきなもの」と書かれていますが、じつはもっと広く大きな意味を持つ名詞です。形容詞的に「ヘゼリヒな（gezellig）」という言い方もします。

　簡単にオランダ人を喜ばせたいと思うなら、アメリカのオバマ元大統領が2014年にオランダを訪問した際の発言をまねるとよいでしょう。「オランダ語にはある心の状態をあらわし、英語にはうまく置きかえられない言葉があると聞きました。ですが言わせてください。このオランダへの初訪問はまさしくヘゼリヒであると」

　オランダ人は、ヘゼリヒという言葉をいろいろな意味合いで使います。たとえば「ヘゼリヒなカフェでコーヒーを飲む」といえば、暖か

く、キャンドルがゆらめき、猫が眠っているカフェが頭に浮かんできます。

「どしゃぶりになったから、ヘゼリヒなバーで雨やどり」と聞けば、そこはレアで極上のビールしか出さず、古いレコードをかける、最高にヘゼリヒなバーだとわかります。

歯医者の待合室に座っている時間は、ちっともヘゼリヒではありませんが、とてもヘゼリヒな友人がつきそってくれたら、話は別です。

これでヘゼリハイドとヒュッゲの共通点が見えてきたと思います。

この2つの言葉はかなり似ていますが、完全に同じではなく、ヘゼリハイドのほうが社会的意味合いが少し強いと言われます。本当にそうなのか確かめたくて、オランダ人を対象にちょっとした調査を行なったところ、この説が正しいと判断できる結果が出ました。

デンマーク人がヒュッゲを味わうのと同じように、オランダ人がヘゼリヒを味わっていることは、多くの面から明らかになりました。どちらもそれぞれの文化にとって大事な概念であり、キャンドルや暖炉、クリスマスは、ヒュッゲやヘゼリヒの中心となる要素です。

ただ、ヘゼリヒはヒュッゲよりも外向きの性質が強いことが、集めたデータからわかりました。「いちばんヘゼリヒ／ヒュッゲな時間は外にいるとき」と答えた人が、デンマーク人では27パーセントなのに、オランダ人では57パーセントにものぼったのです。

また、オランダ人の62パーセントが「いちばんヘゼリヒな季節は「夏」と答えていますが、デンマーク人は「秋」こそヒュッゲだと思っています。

クーセリ（KOSELIG）──ノルウェー

「クーセリ」は温かみ、親密さ、一体感をあらわす言葉。ノルウェー人にとっての理想は、すべてがクーセリな状態にあることです。

完璧なクーセリの晩とは、テーブルにごちそうが並び、心あたたまる色に囲まれ、親しい仲間が集まり、暖炉に薪をくべ、暖炉がなければキャンドルをともして過ごすひとときでしょう。

ホーミネス（HOMINESS）──カナダ

　カナダ人は、外の世界をシャットアウトし、自分の空間をつくり出した状態を「ホーミネス」という言葉で表現します。温かみや一体感などの意味を持ち、家庭的なものや、家への想いもあらわす言葉です。

　この言葉は、形があるもの（たとえば持ち物）と形がないもの（たとえば状況）の両方に使われます。持ち物で言うと、信頼できる「本物」はホーミー（homey）です。状況で言えば、外界から離れた安らぎの場はホーミーですし、そこで感じられる気持ちもホーミーです。

　そう、ヒュッゲと同じで、ホーミネスにも信頼感や温かみ、一体感という意味がしっかり含まれているのです。

ゲミュートリヒカイト（GEMÜTLICHKEIT）──ドイツ

　ドイツ人は「ゲミュートリヒカイト」という言葉を、思いやりや友情、絆といった心の状態をあらわすのに使います。ドイツのビアガーデンやオクトーバーフェスト（毎年秋に開かれるビール祭り）に参加すれば、こんな「乾杯の歌」が聞けるかもしれません。

　♪アイン・プロージット・デア・ゲミュートリヒカイト！
　（居心地のよさに乾杯！）

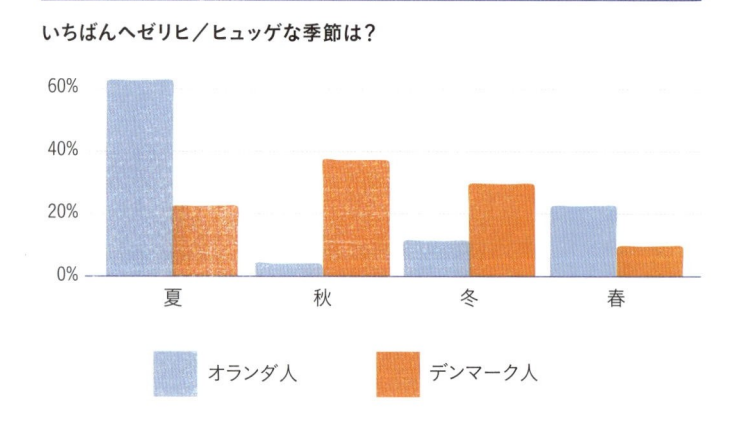

いちばんヘゼリヒ／ヒュッゲな季節は？

オランダ人　　デンマーク人

ヒュッゲはみんなのもの

これまで取り上げたさまざまな国の言葉から、デンマーク人でなくてもヒュッゲを味わえるし、すでにヒュッゲを楽しんでいることがわかりました。

国がちがえば概念も少し変わってきますが、どれも「居心地のよさ・温かみ・一体感」といった感覚を発展させたものである点は同じです。

デンマーク語のヒュッゲとオランダ語のヘゼリハイドが、ほかよりも少し目立っているように感じますね。それは、どちらの単語も日々の会話やライフスタイルに溶けこんでいるからでしょう。

「ヨーロッパ社会調査」では、ある興味深い結果が示されました。デンマークとオランダは「生活を楽しむことがほとんどない人」や「穏やかさ、くつろぎをめったに感じない人」がもっとも少ない国であるとわかったのです。国連の委託を受けて行なわれる「世界幸福度調査」でも、両国はつねに最上位を占めています。

「名前に何の意味があるというの？」という問いもうなずけます。名前じたいには意味がなく、ヒュッゲがホーミネスやヘゼリハイドという名前であっても、その役割はちっとも変わらないでしょう。

一方で、名前によって形を与えることで、「居心地のよさ・温かみ・一体感」といった形のない感情をはっきりと意識することができます。それが、各国のお国柄を生むことにつながります。

翻訳できない
世界の言葉

フィンランド人と外国人がフィンランドの森を歩いていました。
フィンランド人「あんたの後ろにトッカが1個いるぞ！」
外国人「何だって？」
フィンランド人「トッカだよ！」

これがフィンランド人にはおもしろいジョークらしいです。私には
よくわかりませんが……。

「トッカ（Tokka）」は「トナカイの群れ」を意味する言葉です。ほ
とんどの言語ではトナカイを「群れ」か「1頭」かで区別するだけで、
別の言葉で表現する意味や必要性はありません。でも、フィンランド
ではちがうのです。

言語は、そこで暮らす人の世界を反映しています。自分が見ている
ものや、自分にとって大事なものにつけられるのが「名前」です。見
ているものや大事なものがちがえば、名前をつけられる対象がちがっ
てくるのも当然でしょう。

1880年代、カナダ北部に住むイヌイット族の研究をしていた人類
学者のフランツ・ボアズは、その言語に興味をそそられました。イヌ
イット語には翻訳できない言葉、たとえば「静かに降る雪」をあらわ
すアキロコク（aqilokoq）、「そりを走らせるのにうってつけの雪」を
あらわすピエグナルトク（piegnartoq）といった言葉があります。

このボアズの研究をさらに深めた「サピア・ウォーフの仮説」では、
「ある文化が持つ言語は、その言語を使う人の暮らしぶりを映し出す
と共に、その人の行動を左右する力も持っている」とされています。

もし「愛」をあらわす言葉がなかったとしても、愛を感じるでしょうか？　もちろん感じるでしょうね。でも「結婚」という言葉がなかったとしたら、世界はどうなるでしょう？

　言葉や言語が私たちの生き方を決めるといっても過言ではありません。

　ヨーロッパ人はふつう、どんな雪も同じように扱います。一方、イヌイット族は、降ったばかりの雪と、すでに積もっている雪を区別することで、それぞれに対応した別の行動をとります。雪の状態を区別する必要性から、新しい言葉が生まれてきたわけです。

　ほかの言語に置きかえられない独自の言葉が生まれるのは、私たちが特定の文化に属し、固有の伝統やきまりを守って暮らしているからだ、という考え方があります。

　もちろん、簡単にほかの言語へ置きかえられる言葉もたくさんあります。具体的で目に見えるものはとくに簡単。犬を指して「ドッグ(dog)」「ペーロ（perro)」「フンド（hund)」などと言いますが、イギリスにいようが、グアテマラにいようが、デンマークにいようが、犬は犬に変わりありません。

　一方で、世界には翻訳不能な言葉が無数にあります。その中には、ほかの言語に当てはまる言葉がなくても、意味だけはわかる言葉もあります。たとえば、「トナカイの大群」のように、短い言い回しで簡単に説明することができます。

　それが目に見えない概念をあらわす単語となると、説明したり訳したりするのはもっと複雑でむずかしくなります。

　感覚をあらわす概念であるヒュッゲにも、同じことがいえます。ですから、本書を通じて「ヒュッゲとはどういうものか」をきちんと理解してもらえるよう、ヒュッゲなことがらや経験、瞬間といったものを、たくさん紹介していきたいと思います。

世界各地のユニークな
単語や言い回し10選

イクツアルポク
(IKTSUARPOK)

(イヌイット語)だれか来そうな気がして、外を見るときの気持ち。

フリオレーロ
(FRIOLERO)

(スペイン語)寒さにひどく敏感な人。

カフネ(CAFUNÉ)

(ブラジルのポルトガル語)愛する人の髪をやさしくなでるしぐさ。

ハンヨークー
(HANYAUKU)

(ルクワンガリ語：ナミビア)温かい砂の上をつま先で歩くこと。

ブーサット(BUSAT)

（サーミ語：スカンジナビア半島北部）
1個だけ非常に大きな睾丸を持つオス
のトナカイ。

ウータピルス(UTEPILS)

（ノルウェー語）天気のよい日
に外へ出て、座ってビールを
楽しむこと。

積ん読(TSUNDOKU)

（日本語）本を次々買ってはく
るが、けっして読まないこと。

シールダルヴァルド
（SCHILDERWALD）

（ドイツ語）交通標識が多す
ぎて迷ってしまう道路。

ガッターラ(GATTARA)

（イタリア語）野良猫に人生
をささげる老婆。

リール・ドン・サ・バルブ
（RIRE DANS SA BARBE）

（フランス語）むかしのことを考えな
がら、ひそかにほくそ笑むこと。

ヒュッゲ用語辞典

ヒュッゲを理解するために、さまざまなシーンで使われるヒュッゲ用語を見ていきましょう。

フレーダスヒュッゲ／スンダスヒュッゲ（Fredagshygge/Søndagshygge）
ヒュッゲに過ごす金曜日や日曜日のこと。フレーダスヒュッゲは一般に、長い1週間が終わった週末に、家族がソファーで体を丸めて一緒にテレビを見ることを指す。スンダスヒュッゲは、お茶と本、音楽、毛布をお供に、1日ゆっくり過ごすこと。何か面倒なことが起これば、散歩に出ることもある。

> 甘いものを食べながらディズニー映画を見るのが、わが家のフレーダスヒュッゲです

ヒュッゲボクサー（Hyggebukser）
人前ではけっしてはけないズボンのこと。ただ、はき心地は最高なので、こっそり愛用することも。

> 1日中ひとりきりで過ごす時間がどうしても必要だったから、ヒュッゲボクサーをはいて家にこもり、すっぴんで朝から晩までひたすらシリーズものの映画を見ていたわ

ヒュッゲヨーネット（Hyggehjørnet）
ヒュッゲな気分になること。文字どおりの意味は「ヒュッゲの片隅」。

> 私、ヒュッゲヨーネットなの

ヒュッゲクローウ（Hyggekrog）
キッチンや居間にある人目につきにくいスペースのことで、腰を下ろしてヒュッゲな時間を楽しめる場所を指す。

> ヒュッゲクローウに座ろうよ

ヒュッゲオンケル（Hyggeonkel）

子どもと遊んでくれるが、ちょっと甘やかしすぎる人。文字どおりの意味は「ヒュッゲなおじさん」。

❚❚　彼ってすごくヒュッゲオンケルなのよ

ヒュッゲスナク（Hyggesnak）

世間話や気楽なおしゃべりのこと。議論になりそうな話題にはふれないのがお約束。

❚❚　私たち2時間くらいヒュッゲスナクしたの

ヒュッゲストン（Hyggestund）

ヒュッゲな瞬間のこと。

❚❚　彼はヒュッゲストンを楽しもうと、コーヒーを入れて窓辺に座った

ウヒュッゲリト（Uhyggeligt）

ウヒュッゲリト（非ヒュッゲ）は「身の毛がよだつ」や「恐ろしい」といった意味。それを考えると、安心感がヒュッゲの柱になるのは当然という気がしてきます。

❚❚　夜、ひとりで森を歩いているときにオオカミの遠ぼえが聞こえたら、ウヒュッゲリトだ

　この本の冒頭で紹介した山小屋の会話を思い出してください。友人が言ったように、あのとき外が嵐だったら、もっとヒュッゲな晩になっていたでしょう。危険な要素（非ヒュッゲ）がありながら、被害を受ける心配がないとき、ヒュッゲはいっそう強まるのかもしれません。嵐や雷などの悪天候や、こわい映画を見るときのように。

「ヒュッゲ」はどこから来たのか？

「ヒュッゲ」という言葉がデンマーク語の書物に初めて登場したのは1800年代の初めのことで、言葉の起源はノルウェー語にあります。

1397年から1814年まで、デンマークとノルウェーはひとつの王国でした。デンマーク人とノルウェー人は、今でもお互いの国の言葉を理解し合っています。

ヒュッゲの起源となったノルウェー語は「満ち足りること、満足できる暮らし」といった意味です。

ヒュッゲはフーグ（hug）という言葉から派生したとも言われています。フーグは、1560年代の言葉で「抱きしめる」という意味のフーガ（hugge）から生まれました。フーガの起源はわかっていませんが、古ノルド語（古い北欧の言語のひとつ）のヒュッガ（hygga）から派生した言葉かもしれません。ヒュッガは「なぐさめる」という意味で、「気分」を意味するフーガー（hugr）という語に由来します。そして、フーガーはゲルマン語のフージャン（hugjan）に由来し、「考える、熟考する」という意味の古期英語ヒュージャン（hycgan）と関連があります。

おもしろいですね。「満足できる暮らし」「抱きしめる」「なぐさめる」「気分」「熟考」——どれも今日のヒュッゲに含まれる要素です！

ヒュッゲのヒント　自分流でデンマーク語を取り入れる

ここまでで紹介したヒュッゲな言葉をどんどん使いましょう。そして、ヒュッゲな晩を過ごすために友だちを家に招待し、自分だけのヒュッゲの複合語をガンガンつくりまくるのです。毎日ヒュッゲに生きることを忘れないよう、「ヒュッゲ宣言」を冷蔵庫に貼っておいても !?

世界で注目を集めるヒュッゲ

最近、ヒュッゲがよく話題になっているようです。

イギリスのBBC放送は「ヒュッゲ：デンマーク生まれの心温まる教え」という記事を配信しました。「気楽にいこう。デンマークの『ヒュッゲ』術を取り入れよう」と言ったのは、同じくイギリスの「テレグラフ」紙。ロンドンの大学モーリー・カレッジは現在、「ヒュッゲ入門」を学生に教えています。

ロサンゼルスにある「ヒュッゲ・ベーカリー」では、デンマークのラムボール（romkugler ＝ロムクーラー）が売られています。これはラムで風味をつけたチョコレート菓子で、デンマークのパン屋さんがペーストリーの生地の残りを使い切るためにつくったのが始まりです。

あなたのまわりでも、ヒュッゲを探してみてください。

「シンプルな幸せ」をつくる
「ヒュッゲのルール10カ条」

1 雰囲気

部屋の明るさは、ほのかに

2 「今」「ここ」

携帯の電源を切って、
「今ここ」に集中しましょう

3 お楽しみ

コーヒー、チョコレート、クッキー、
ケーキ、キャンディー、大好き!

4 公平・平等

「私(Me)」より「私たち(We)」。
時間と家事はシェアして

5 感謝

「ありがとう」と言って
受け取りましょう

6 調和

勝負や成功をひけらかすのは、
かっこ悪い

7 気楽さ

ひと休みして、リラックス

8 平和

波風立てるのはやめましょう。
政治の話はまた今度

9 一体感

相手との間に
どんな物語がありますか

10 安らぎ

穏やかで不安のない
場所を大切に

CHAPTER 3

だれかと「共にある」こと

ふれ合うのではなく、
抱きしめるように

　毎年、友人とアルプスへスキー旅行に行くのが恒例です。日中はゲレンデで目いっぱい楽しみますが、私のいちばんのお気に入りは、スキーを終えて山小屋で過ごす時間です。

　棒のようになった足を引きずって、クタクタに疲れて戻ってくると、まずはバルコニーの椅子に腰かけて、コーヒーの準備が整うのを待ちます。仕上げにグランマルニエ（オレンジリキュール）をたらすころには、次々と人が集まってきます。

　みんなスキーウエアのままで、着がえる元気もなく、しゃべる気力もなく、何もする気が起こりません。ただ言葉少なにその場に座り、仲間と景色をながめ、山の空気を味わう時間です。

　講演会で幸福の研究について話をするとき、参加者には静かに目を閉じ、最近心から幸せを感じたときのことを思い出してもらいます。

　参加者の心に幸せな記憶がよみがえる瞬間は、ひと目でわかります。部屋中に穏やかな笑顔が広がっていくからです。そのとき、だれかと一緒の場面を思い出した人に手をあげてもらうと、たいてい10人中9人くらいが手をあげます。

　もちろん、ここに科学的な根拠はありません。でも、これまでの私の研究生活において確かに言えることがひとつあります。それは、人間が幸せかどうかを知るいちばんの尺度は「人間関係」だ、ということです。

　幸せな人とそうでない人のちがいを見ていくと、いちばん明確にちがいが出るのが人間関係で、いたるところで同じようなパターンが見られます。

そこで問題になるのは、人間関係を豊かにするためにどのような社会をつくっていけばよいか、どのような人生を送ればよいか、ということです。

　まずあげられるのは、仕事とプライベートのバランスが取れた、健康的な生活を送ること。デンマークがワークライフバランスの取れた国だということは、世界中で有名になりつつあります。

　イギリスの新聞「ガーディアン」のキャシー・ストロングマンが、記事の中でこう述べています。

「デンマークが国連の世界幸福度調査でトップになったと聞いても、まったくおどろかない」

　ストロングマンは数年前、夫と娘と一緒にロンドンからコペンハーゲンに移住した人です。彼女が書いた記事をつぎに紹介しますね。

ここ（コペンハーゲン）に来て、私たち家族の生活は一気に豊かになった。かつてはロンドン至上主義だったが、今ではなりふりかまわず、何もかも「デンマーク的」であろうとしている。

　いちばん喜ばしい変化は、仕事とプライベートのバランスが変わったこと。かつては、夫のダンカンが夜9時ごろにオフィスから帰宅するのを待って、あわただしく夕食を食べるという生活だった。ところが今では、デスクを離れるのは午後5時。午後5時半まで仕事をしていたら、ひとり取り残されてオフィスはもうガランとしている。週末に仕事をしようものなら、デンマーク人たちから頭のおかしい人だと思われてしまう。

　デンマーク人たちは毎日、1日の終わりには家族と一緒に食事をしたり、遊んだりするのが当然だと考えているようだ。この習慣はわが家にとっても好都合だった。夫は毎晩のように、14カ月になる娘をお風呂に入れて寝かしつけてくれるようになった。夫婦仲はみるみるよくなり、週末だけの名ばかりの「イクメン」とはまったく様子がちがう。

キャシー・ストロングマン（イギリス「ガーディアン」紙）

「原始家族フリントストーン」というアニメ番組をご存じですか？この番組のオープニングでは、定時になって仕事を終えたパパが、「ヤバダバドゥー！」とさけんで職場を飛び出します。

デンマークの職場も似たようなもの。午後5時になると、みんながいっせいに退社していきます。子どものいる人は午後4時退社が基本で、子どものいない人でも5時には退社します。職場を出たら、みんな足早に家へ帰って、晩ごはんのしたくをします。

子育て中の人がその部署にいる場合、上司は午後4時過ぎまでかかるような会議を開きません。だから、延長保育の必要もなく、子どもを迎えにいくことができるのです。

ヨーロッパ人の60パーセントは、少なくとも平均して週に1回は友人や家族、同僚と顔を合わせて交流します。デンマークでは、この割合が78パーセントに上がります。

ヒュッゲはひとりでも楽しめますが、ふつうは親しい友人や家族といった小さな集まりの中から生まれてくるものです。

ヒュッゲな空間では、打ち解けた雰囲気の中にも、気配りが十分に行きとどいています。自分が主役になろうとして、長々と会話を支配するような人はいません。

平等主義はヒュッゲの大切な要素で、デンマーク文化に深く根ざしている特徴です。

ですから、ホストがひとりでキッチンにこもるのではなく、みんなで食事の準備を分担すると、よりヒュッゲらしくなりますよ。

いろいろな意味で、ヒュッゲは「抱きしめる」ことと似ています（もちろん比喩的な意味ですよ）。ヒュッゲという方法は、自分が快適に感じる範囲をオープンにして、ほかの人たちを懐に招き入れることでもあるのです。

愛のホルモン——オキシトシン

　肩に手を置かれ、キスをされてほほをなでられると、あっというまに穏やかで幸せな気分に包まれます。人間の体は、そういうふうにできているのです。なんてすばらしいしくみ！

　人と人がふれ合うと、オキシトシンと呼ばれるホルモンが分泌されて、ストレスや恐れ、苦痛を和らげ、穏やかな気分になります。
　抱きしめられるとオキシトシンが体中をめぐり、喜びで満たされます。ですから、オキシトシンは「抱っこホルモン」とか「愛のホルモン」とか言われることも。ペットを抱いたり人を抱きしめたりしても、同じ効果が得られます。

　オキシトシンは他人の体がそばにあるだけでも分泌されるので、ときに「人と人の接着剤」とも言われます。とくにヒュッゲのようなこぢんまりした集まりでは、オキシトシンが体中をめぐることが証明されています。
「愛されたい」「ぬくもりがほしい」「安心したい」——この３つがヒュッゲという概念の重要な要素です。

　オキシトシンのおかげで、社会は協力、信頼、愛情によって結ばれます。デンマーク人が見ず知らずの人を信用することができるのも、このホルモンのおかげです。ヒュッゲな活動がオキシトシンを分泌し、敵対心を和らげるので、社会的なつながりを求める傾向が強くなるのだと思います。

　ぬくもりや満足感も、オキシトシンの分泌をうながします。ヒュッゲの永遠のパートナー、つまりおいしい食事、キャンドル、暖炉、毛布——に、ぬくもりや満足感がいっぱいなのも、ひと役買っていますよね！

一緒にいる幸せ

ヒュッゲのカギは、人と一緒にいること。「社会とのつながりが人の幸せの本質である」という考えは、私のように「幸福」について研究している研究者や科学者の間で共通の見解となっています。

世界幸福度調査では、このように報告されています。
「幸福であることの第1条件は、生きていくために必要な生活レベルが保障されること。そして生活レベルが満たされると、幸福の形は多様化し、収入よりも人間関係の質に左右される」

人間関係の価値をお金に換算する試みもあります。
2008年にイギリスで「友人、親戚、近所の人に値札をつける調査：生活満足度調査を用いて人間関係の価値を考察する」という研究が行なわれました。その結果、「人とのかかわりが増えることで高まる生活満足度は、8万5,000ポンド（約1,200万円）の年収増に相当する」という試算が出ました。

私はデンマーク国内にとどまらず、国際的なデータや調査で「人間関係と幸福の関連性」をたびたび見てきました。

ひとつ例をあげましょう。これは、コペンハーゲン郊外の街ドラウエアでハピネス・リサーチ研究所が数年前に実施した研究です。

ドラウエアの市議会と協力して、市民の幸福度と生活への満足度を測定し、都市の生活の質を上げる方法を提案しました。

　市民に対するアンケートでは、「あなたは人間関係に満足していますか」という問いに加えて、「あなたは総じて幸せですか」という問いを入れました。

　結果は予想どおり。「人間関係」と「幸せ」には強い相関関係が見られました。人間関係に満足している人は、総じて幸せを感じていることがはっきりしたのです。

　人間関係という要因を調べると、その人が幸せか、幸せでないかを確実に見抜くことができます。「あなたは幸せですか？」と直接たずねることがむずかしければ、人間関係に満足しているかどうかを聞いてみるとよいでしょう。その人が幸せかどうか、わかりますよ。

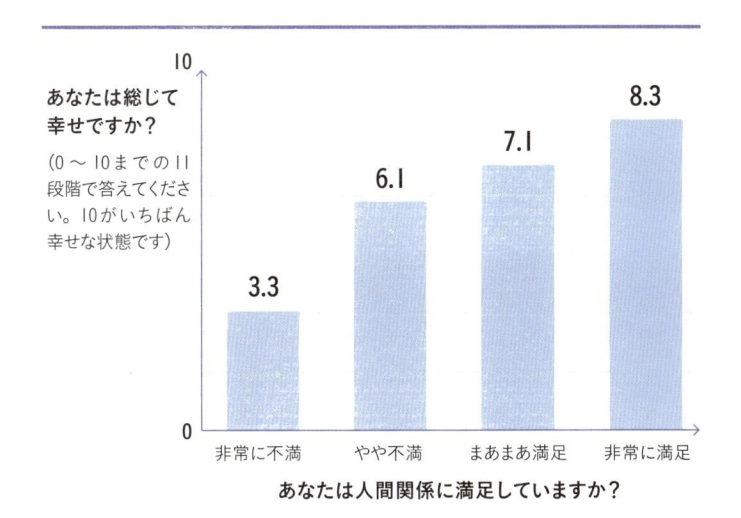

あなたは総じて
幸せですか？

（0〜10までの11
段階で答えてくださ
い。10がいちばん
幸せな状態です）

10

3.3　6.1　7.1　8.3

0

非常に不満　やや不満　まあまあ満足　非常に満足

あなたは人間関係に満足していますか？

　アメリカのプリンストン大学の科学者グループによる幸福についての研究があります。2004年から始まり、今では権威ある研究と認められています。グループを率いるのはノーベル賞受賞者の心理学者、ダニエル・カーネマン博士です。

　この研究では、カーネマン博士が提唱する「DRM（1日再構築法）」という方法が用いられました。毎日の生活を細かく振り返って記録し、楽しかったのは何をしたときか、不安に思ったのは何をしたときか、落ちこんだのはどういうときかを調べていきます。

　被験者としてテキサス州の909人の女性が参加しました。彼女たちは、前日にしたことをこと細かに日記に記録して、質問に対して7段階で答えます。何時にだれと何をしたのか。その活動をしているときどのように感じたのかを、ひとつひとつ答えていくのです。
　結果はやはり予想どおりのものでした。仕事や通勤、家事がもっとも楽しくない活動で、セックスや人とのつき合い、食事、息抜きがもっとも楽しい活動でした。

　人とのつき合いや食事、息抜きがヒュッゲのおもな構成要素であることは、言うまでもありません。

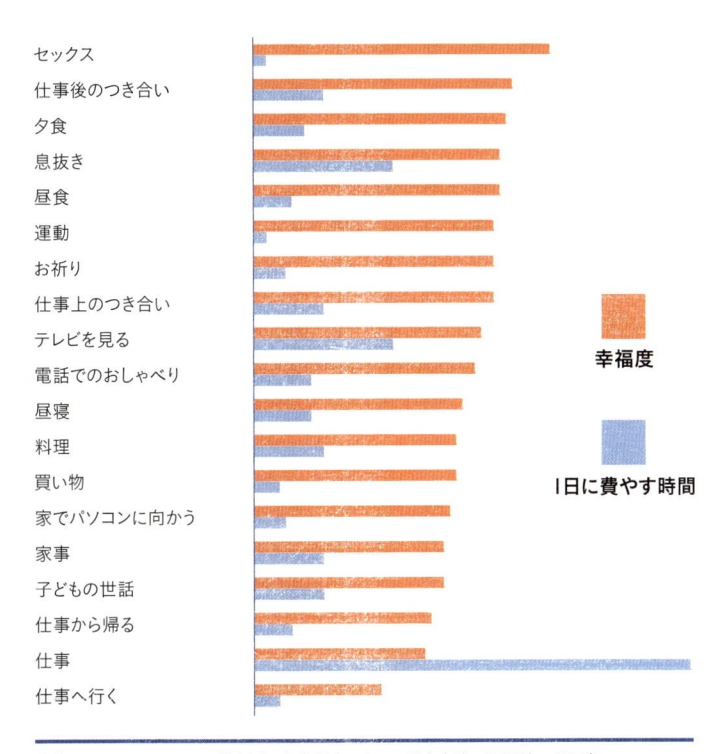

セックス	
仕事後のつき合い	
夕食	
息抜き	
昼食	
運動	
お祈り	
仕事上のつき合い	幸福度
テレビを見る	
電話でのおしゃべり	
昼寝	
料理	
買い物	1日に費やす時間
家でパソコンに向かう	
家事	
子どもの世話	
仕事から帰る	
仕事	
仕事へ行く	

出典：カーネマンほか、日常生活の行動調査のための調査方法：DRM法、2004年

　人間には、だれかとつながりたいという基本的な欲求があり、親密なつながりは生活にハリややる気をもたらします。これを「つながりの仮説」と名づけましょう。

　この仮説に従うと、世界中の人は親しい関係をつくりたいと望み、その能力を持って生まれてくるのではないでしょうか。実際、人は一度結んだ関係をこわすのをとても嫌います。
　あるデータによると、独身者より既婚者、だれかと一緒に暮らしている人のほうが長生きするそうです。これは、体の免疫機能が高まるおかげとも言われています。

「人間関係が幸福度に影響するって、そんなの当たり前でしょ！」

　おっしゃるとおり。科学者にしてみれば、何年もかけて研究したあげく、結局だれもが知っている答えにたどりつくと、けっこう落ちこむものです。

　それでも、こんなにたくさん数値やデータ、証拠が手元にそろっているのですから、思い切って活用したほうがよいでしょう。自分の人生を考えるときはもちろん、国の政策を立案したり、社会をデザインするのにも生かせるはずです。

　いちばん大切な人間関係において、いろいろな経験や思いを共有し、お互いに理解し、助け合う習慣をつくるべきでしょう。それはつまりヒュッゲな関係です。

　なぜデンマーク人は、ヒュッゲをするときに友だちの輪を小さくしたがるか、もうおわかりでしょう。
　もちろん、人数が多くてもヒュッゲな時間を過ごせますが、デンマーク人はなるべく人数を少なくしたがります。調査によると、デンマーク人の約60パーセントが、ヒュッゲな時間を過ごすのにふさわしいのは「3〜4人」と答えています。

何人でヒュッゲをしますか？

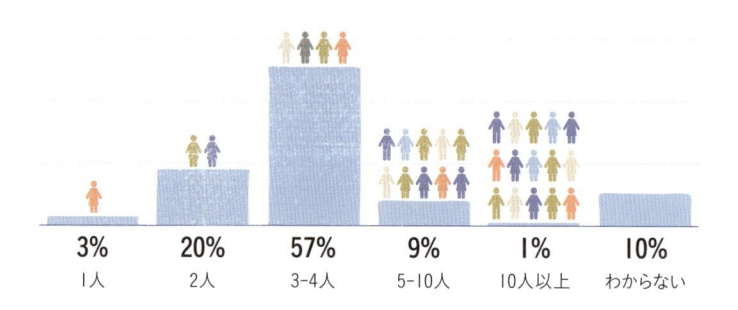

3%	20%	57%	9%	1%	10%
1人	2人	3-4人	5-10人	10人以上	わからない

ヒュッゲのマイナス面

　みんながむかしからの顔なじみ。お互いによくわかり合って、結び
つきの強い社会。そんな社会で親しい人と過ごすというのは、とても
楽なことが多いものです。

　しかし、こうした社会には深刻な欠点もあります。新しい人を受け
入れるのに消極的なのです。

　外国からデンマークに引っ越してきた知人はみんな、口をそろえて
「デンマーク社会に溶けこむのはほとんどムリだ」と言います。実際
はそこまで極端ではないものの、人間関係を築くために長い間、全力
で努力しつづけなければならないのは本当です。

　確かにデンマーク人は、見知らぬ人を自分たちの輪に入れるのがち
ょっと苦手。イベントに見知らぬ人がたくさん混じると、ヒュッゲで
はなくなるからです。

　残念ながら、社会の輪に入るためには、たゆまぬ努力と長い孤独に
耐えなければならないこともあるでしょう。
　それでも私の友人の言葉を借りると、「一度、輪の中に入ると、そ
のままずっと仲間に入れてもらえる」のがよいところ。つまり、いっ
たん壁を破ることができれば、生涯の友が得られるのです。

ヒュッゲなら
内向きな人でも大丈夫！

コペンハーゲンに滞在中のアメリカ人学生のグループを相手に、講義したときのこと。その際、幸福であることとヒュッゲの関係について、彼らにディスカッションをしてもらいました。

ひとりの女子学生が手をあげて、こう切り出しました。
「内向きな性格である私にとって、ヒュッゲはとても魅力的です」

彼女の話をまとめると、こういうこと。
アメリカ社会では、たくさんの人とつき合い、すばやくネットワークを築き、短い間に関係を盛り上げなければいけません。つまり、アメリカは外向きな人の国なのです。
でもデンマークに来て、もっと自分に合った人間関係のつくり方があることを知りました。ヒュッゲという、内向きな人に最適なつき合い方があったのです。

「ヒュッゲは、内向きな人が疲れることなく社会に参加する方法だ」という彼女の考えは、とても納得のいくものだったので、この本で紹介させてもらいました。

内向きな人は体の内部からエネルギーをつくり出し、外向きな人は外部からの刺激でエネルギーをつくり出します。
はずかしがり屋で外に出たがらないのが、内向きな人のイメージでしょう。でも、そのイメージはまちがっています。
世の中の多くのイベントは外側からの刺激が強すぎて、内向きな人は疲れてしまうのです。ですから「活発でハキハキした内向きな人」というのももちろんいます（同様に外向きでも物静かな人がいます）。

内向きな人は、お互いをよく知っている人と有意義な会話を楽しむことを、何よりも大切にします。温かい飲み物を飲みながら、ひとり静かに本を読むのも好きです。これは、かなりヒュッゲ度の高い過ごし方ですね。

　人とのつき合いを大切にするのは、内向きな人も外向きな人も同じです。ちがうのはその方法だけ。内向きな人は刺激の強いものが苦手なだけで、他人とのかかわりをこばんでいるわけではありません。

　内向きな人は、数人の友だちとくつろいだ夜を過ごすのが好きで、集まる人数も少ないほうを好みます。そういう人々にとってヒュッゲは、「人とのかかわりを持ちたい」という欲求と「くつろぎたい」という要求を同時にかなえる選択肢になります。

　そう、ヒュッゲは内向きな人にぴったりなのです！

　ヒュッゲは、内向きと外向きという２つの世界をつなぐ架け橋でもあります。内向きな人にとって、ヒュッゲは社会に出ていく場になります。

　一方で、外向きな人にとって、ヒュッゲはときどき静かな夜を過ごすイベントです。キャンドルをともし、落ち着いた音楽をかけて、自分の中にいる内向きな自分もまた、そっと抱きしめてあげましょう。

ヒュッゲのヒント ― 思い出をつくる方法

　友だちや家族と新しい習慣を築いていきましょう。毎月第１金曜日の夜にはボードゲームをする、夏至の日は海辺でお祝いをする……。折にふれて、イベントを企画しましょう。グループが集まるきっかけになり、絆を深めることができますよ。

CHAPTER 4

何を食べ、
何を飲むか

むずかしいルールは
いりません

ここ数年、新しい北欧料理が大きな注目を集めてきました。とくに脚光を浴びているのが、コペンハーゲンにあるレストラン「ノーマ（noma）」です。2003年にオープンしたノーマは、その独創性が大きな評価を得て、2010年以降、世界一のレストランに4回も選ばれています。生きたエビにアリを散らした料理（！）が大きく報道されたので、ご存じの方も多いでしょう。

もちろん、デンマーク人がいつもノーマのような料理を食べているわけではありません。

たとえば、むかしから食べられている昼食の定番と言えば、スモーブロー（smørrebrød）というオープンサンドイッチです。ライ麦パンに酢漬けのニシンをのせたり、レバーペーストを塗ったりして食べます。このペーストはレバポスタイ（leverpostej）といって、焼いて刻んだレバーにラードを混ぜたものです。

伝統的なデンマークの夕食のレシピ本をつくれば、タイトルは『お肉とポテトのバリエーション50選』といったものになるでしょう。それほどデンマーク人は肉が大好きで、1人当たりの1年間の消費量は48キログラムにものぼります。なかでも、いちばん好まれているのが豚肉です。

それに、デンマーク人は菓子類やコーヒーも大好き。もちろんこれらはヒュッゲに直結するからです。

ヒュッゲとは自分にやさしくすること、自分にごほうびを与えること。そして、忙しい毎日の中でしばし手を休めて、自分にも、まわりの人たちにも、ひと息つく時間を与えることです。

だからケーキはもちろん、コーヒーやココアは当然ヒュッゲ。

ヒュッゲな習慣には、「太るかも……」「こんなに食べすぎるとよくないかも……」なんていう、ちょっと気がとがめる要素も必要。その罪悪感がよりいっそう食べ物のおいしさを引き立てます。といっても、豪華なものや高価なものはいりません。たとえば、フォアグラはヒュッゲとは呼べません。

愛情のこもったシチューはヒュッゲ。ポップコーンもヒュッゲです。ひとつの器にみんなが手をのばして食べるなら、なおいっそうヒュッゲでしょう。

お菓子を食べればいいじゃない！

数年前、友人の家を訪ねたときのことです。夕食を食べながら、当時４歳だった友人の娘に聞かれました。「どんなお仕事をしているの？」私はこう答えました。「みんなを幸せにする方法を探すことだよ」

「そんなの簡単だよ！」と言って、その子は肩をすくめました——「お菓子を食べればいいじゃない！」

ヒュッゲについて言えば、彼女の発言はかなり本質を突いています。

デンマーク人はお菓子に目がなく、ほとんどの人が甘いものとヒュッゲを結びつけて考えています。熊の形をしたグミ、甘草入りアメの<ruby>甘草<rt>かんぞう</rt></ruby>リコリス、メレンゲクリームをチョコでコーティングしたフルードェボラー（flødeboller）、クリームが詰まったチョコレートドーム……。

ヨーロッパの砂糖菓子に関する報告書によると、デンマーク人のお菓子の消費量は１人当たり年間8.2キログラムで、世界一甘いもの好きな国フィンランドにつぐ第２位。なんとヨーロッパ平均の倍に当たります。

2018年までには、これが8.5キログラムまで増えると見込まれており、フィンランドを抜いてトップにおどり出ると予想されています。

さて、そろそろケーキが食べたくなってきましたね！

お菓子の消費量

4.1kg
ヨーロッパ平均

8.2kg
デンマーク平均

ケーキはヒュッゲの代名詞

なかでもデンマーク人のケーキ好きには目を見張るものがあります。職場でもケーキを常備しているところはめずらしくありません。

私のポーカー仲間のジョンは、デンマーク人のケーキへの執着についてこう言います。
「ケーキの残りがありそうなら、会議室にだってふみこむさ。さしずめ僕たちはケーキハンターだな」「でもケーキは社内の会議用。客に出すのはプチフール（一般的なケーキより小さい一口サイズのケーキ）だ」
そう、ジョンの言うとおり、ケーキがあれば、どんなシリアスな会議も打ち解けた雰囲気になるのです。

ビジネス・シーンではもちろん、家庭で手づくりしたり、ケーキ屋さんでも食べられます。もっとも人気があり、伝統あるケーキのお店は「ラ・グラース」（198ページ参照）。1870年創業で、デンマークでいちばん古いケーキ屋さんです。

この店には、「ハンス・クリスチャン・アンデルセン」や、「カレン・ブリクセン」など、デンマークゆかりの有名人の名をつけたケーキがあり、甘いもの好きにとってはまるで夢の世界です。
いちばんよく知られているのは「スポーツケーキ」でしょう。1891年に上演された『スポーツマン』という演劇の初日を記念してつくられたのが、その名前の由来です。もっともホイップクリームがたっぷり使われているので、スポーツ選手の朝食には向きませんが……。

時を経た最高の完成度のスイーツ、インテリア、そして美しい空間。ラ・グラースの椅子に腰かけて、甘い傑作を楽しみ、コペンハーゲン中に響く声でヒュッゲをさけぶのです！

ケーキマンは人気者

それぞれの国には、みんなに愛されるスーパーヒーローがいるものです。アメリカならスーパーマン、スパイダーマン、バットマン。でも、デンマーク人のヒーローと言えば……そう、ケーキマンです。

正確に言うと、ケーキマンは映画の中のスーパーヒーローではありませんが、子どもたちの誕生会では大活躍の人気者。

ケーキマン（Kagemand＝ケーエマン）は、人の形をした大きなペーストリーで、砂糖とバターをたっぷり使った甘い生地でつくり、キャンディーでできたデンマークの国旗やキャンドルをちりばめます。ここにベーコンが加われば、デンマークらしい食材が勢ぞろいですね。

誕生日を迎えた子どもがケーキマンののどを切るのがお約束になっていて、切っている間、ほかの子どもたちは大きな声で歌います。
「♪ハッピーバースデー、ダーリン。さあ、ケーキマンののどを切ろうよ」
ヒュッゲで、ブラックユーモアの利いた誕生日だと思いませんか？

ペーストリー？ デニッシュ？

ペーストリーはとてもデンマーク的な食べ物です。なにしろ「デニッシュ・ペーストリー」と言うくらいです。ペーストリーに国名を冠するのはデンマークぐらいのものでしょう。あのバターたっぷりの生地の真ん中にねっとりしたクリーム……最高ですね！

じつは、デンマークではデニッシュ・ペーストリーを「ウィーンのパン（wienerbrød＝ヴィーネブロー）」と呼んでいます。デニッシュ・ペーストリーのレシピを最初に考案したのが、19世紀の半ばにウィーンへ行ったシェフたちだったからです。

ペーストリーの中には「カタツムリ」や「目の悪いパン屋」といったおもしろい名前のものもあります。

デンマークにはペーストリーにまつわるユニークな習慣があります。それは「ボン・クリングル（Bon-kringle）」と呼ばれています。「クリングル」はデンマークの伝統的なペーストリーで、「ボン」は領収書のこと。たとえば、パン屋さんで1,000クローネ（約1万6,000円）相当のケーキやペーストリーを買ったとします。そのつぎに領収書を見せると、パン屋さんがクリングルを1個おまけしてくれるしくみ。

これがボン・クリングル。デンマーク独自のパン文化です。

DIY——自分でつくってみよう

手を粉まみれにしながら家でパンを焼くのは、とてもヒュッゲな作業です。ひとりでも、友だちや家族と一緒でも。焼きたてのパンやお菓子の香りほど、ヒュッゲな気持ちにさせてくれるものはありません。

でき上がったパンが、見ばえのするものでなくても大丈夫。ぶかっこうで素朴なパンほどヒュッゲなのですから。

デンマークではずいぶん前から、酵母から育ててつくる「サワードウ・ブレッド」（天然酵母を使ってつくる酸味の強いパン）が人気です。手間がかかるうえ、生きた酵母の世話をすることが、ヒュッゲにつながるからです。

天然酵母を使ってつくったパン生地を、自分の赤ちゃんのようにかわいがる人もいます。栄養を与え、世話をするのは赤ちゃんと同じというわけ。なんだかデンマーク人にとってサワードウは、食べられる「たまごっち」なのかもしれません。

ほっこり温かい飲み物

デンマーク人がヒュッゲを何と結びつけて考えているか、ハピネス・リサーチ研究所で調査を行ないました。なんとキャンドルが2位で、1位は温かい飲み物だったのです。

温かい飲み物とヒュッゲを結びつけて考えるデンマーク人は、86パーセントにのぼります。紅茶、ココア、ホットワインといろいろありますが、デンマークでいちばん好まれる飲み物といえばコーヒーです。

「コペンハーゲン（原題 Borgen）」や「キリング（THE KILLING）」といったデンマークのテレビドラマを観ていると、デンマーク人がどれほどコーヒー好きかわかるでしょう。コーヒーを注文したり、コーヒーをいれたり、相手の顔を見ながら「コーヒーは？」とたずねる場面がひっきりなしに出てきます。

デンマーク人がコーヒーを飲む量は世界で4番目に多く、1人当たりの消費量はアメリカ人の約2倍というデータがあります（ちなみに日本人の約2.5倍）。

　コーヒーとヒュッゲの結びつきは、言葉にもはっきりあらわれています。「カフェヒュッゲ（Kaffehygge）」——「コーヒー」に「ヒュッゲ」がくっついたこの言葉は、あらゆる場面で使われています。

　誘い文句は「カフェヒュッゲしにきて！」
　ケーキにカフェヒュッゲ、ジムのあとにはカフェヒュッゲ、長話にもカフェヒュッゲ。どこもかしこもカフェヒュッゲだらけです。
　ウェブサイトまであって、そこにはこんなふうに書かれています。

「明日はもうコーヒーが飲めないと思って、今日を全力で生きよ」

　温かいコーヒーが入ったカップを両手で包みこんでいると、心がなごむのを感じるでしょう。コーヒーがヒュッゲにつながっているのは、まちがいありません。

ヒュッゲ依存のしくみ

幸せをお金で買うことはできませんが、ケーキなら買えますし、どちらでもさほどちがいはありません。少なくとも、私たちの脳はそう考えているようです。

カフェのドアを開けるところを想像してみてください。店に足をふみ入れたとたん、カウンターに並ぶスイーツの甘い香りがあなたの鼻をくすぐり、ペーストリーやケーキを見たとたん、ワクワクするでしょう。お気に入りのケーキを選び、ひと口食べると、体中に広がる幸せ。もう、最高ですよね。

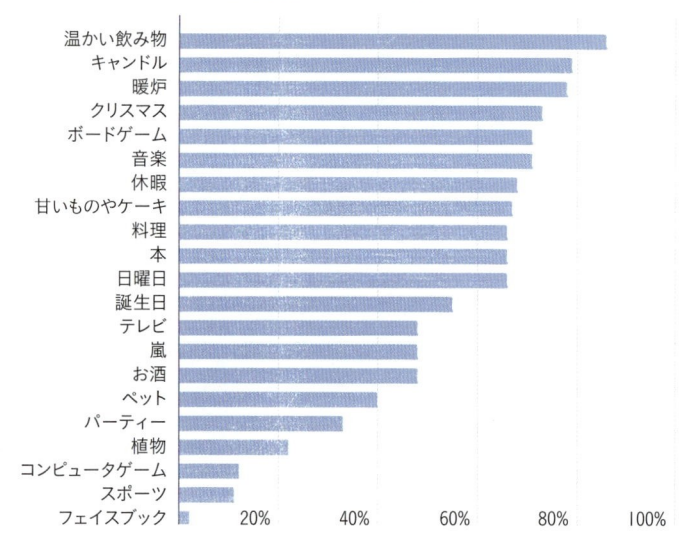

デンマーク人はヒュッゲを何と結びつけているか？

でも、甘いものを食べるとなぜこうも幸せを感じるのか、理由を考えてみたことはありますか？

　ちょっとむずかしい話をしますね。

　人間の脳の前脳基底部に、側坐核と呼ばれる部分があります。これは脳の「報酬系」の一部で、動機づけ、喜び、強化学習にかかわる重要な働きをしています。

　ほかの脊椎動物と同じように人間にも報酬系があるのは、食べることやセックスをすることに喜びを感じることが大切だからです。こうした行為なしには、人間という種は生き残れません。

　ある行動が報酬に値すると脳が判断すれば、脳内で化学物質が放出され、伝達物質ドーパミンの放出がうながされます。側坐核の近くに腹側被蓋野という部分があり、報酬に値する状況になると、ここからドーパミンが放出されます。神経線維から放出されたドーパミンが、脳の別の部位にある受容体と結合すると、私たちは快感を覚えます。

　快感を覚えた出来事の記憶は大脳皮質にたくわえられるので、忘れずに残ります。変な言い方になりますが、「依存」という現象は、私たちが生き残るために脳がつくり出すものなのです。

　この世に生まれて最初に味わうのは甘い母乳です。甘い食べ物を好むのは生き抜くうえで有利に働くからです。ケーキなどの甘いものを食べると喜びを感じ、なかなかやめることができません。「もっと食べなさい、これはごほうびだからね」と体に教えこまれてきたからです。脂肪分の多いものや塩分に対しても、同じ現象が起きます。

　要するに、私たちはある種の食べ物と快感を脳の中で結びつけているので、もっと食べたいと感じるわけです。

　好きなものを食べたいときに食べるのがヒュッゲですが、そうは言っても、量は控えめにしてくださいね。胃が痛くなるまで食べるのは、あまりヒュッゲとはいえません。

みんなスローフードが大好き

　体重を増やす食べ物ばかりがヒュッゲではありません。食べるとホッとするのがヒュッゲな食べ物。そして、ゆっくり時間をかける「スローフード」もまたヒュッゲなのです。

　食べ物がどれほどヒュッゲになるかは、その調理の方法にかかっています。おおまかに言えば、調理に時間がかかればかかるほど、よりヒュッゲだということ。

　プロセスを楽しみ、時間をぜいたくに使い、価値あるものをていねいにつくる喜び……。

　それは私たちと食事とのかかわり方そのものです。手間ひまかけているから、手づくりのジャムは市販のジャムよりもヒュッゲなのです。家中がイチゴの甘い香りに包まれた、あの春の日の記憶がよみがえってくるはずです。

　冬場の週末はとくに、午後いっぱいかけて料理を楽しむことが多く、オーブンでじっくり焼く料理や、長時間煮込む料理をつくります。
　家での作業だけが調理ではありません。農産物の直売所に行って旬の野菜を選ぶことや、お肉屋さんとおしゃべりしてシチューにぴったりの肉を教えてもらうのも調理の一環です。

　鍋を火にかけてコトコト煮込みながら、家の中のお気に入りのスペース、つまりヒュッゲな場所で本を読む。音も、香りも、ヒュッゲに満たされて。途中で、シチューにもう少し赤ワインを足すことを忘れずに……。

むかしながらの北欧風シチューは、大きな肉の塊を煮込むので、時間がかかったものでした。現代の私たちは、もっと自由な発想で具材を選んでよいと思います。こだわりは捨てましょう。大事なのはプロセスです。

　去年の夏、私はレモン酒づくりに挑戦しました。レモン酒づくりの過程では、レモンの皮を１週間以上アルコールに浸しておくことも、大切な作業のひとつ。アルコールに皮の風味と色を移すためです。
　仕事から戻ると毎日、冷蔵庫を開けては容器を取り出し、変化の様子を確かめようと、クンクン匂いをかいでいました。

　でき上がったレモン酒の味はそこそこでしたが、毎日冷蔵庫を開ける楽しみは、格別にヒュッゲでした。

ヒュッゲなレシピ

ひと口食べればヒュッゲになれる
料理をご紹介します。

スキバラプスコウス

（SKIBBERLABSKOVS）

船長のシチュー

最初につくられたのが船の上だったので、こんな名前になりました。ボリューム満点の素朴なシチューで、「食欲の秋」にぴったり。牛肩バラ肉の代わりに、残り物のどんな肉を使ってもかまいません。あり合わせでつくったほうが、より素朴で、ヒュッゲですよ。

4〜6人分／調理時間＝1時間15分

〔材料〕
牛肩バラ肉……750グラム
タマネギ……3個
バター……100グラム
ローリエ……3〜4枚
黒コショウの実……10〜12粒
鶏ガラスープ……1,000cc
ジャガイモ……1,500グラム
塩、コショウ……適宜
チャイブ（薬味）……ひとつかみ
ビーツの酢漬け……適宜
ライ麦パン……適宜

〔つくり方〕
1　牛肩バラ肉をひと口大の角切りにする。
2　タマネギの皮をむいて、みじん切りにする。
3　厚手の鍋にバターを溶かし、タマネギが透き通るまで炒める（焦がさないように注意）。
4　鍋に肉、ローリエ、黒コショウの実を加え、沸騰させた鶏ガラスープを注ぐ。具材がかぶるくらいが適量。
5　ふたをして、弱火で45分くらい煮る。ジャガイモの皮をむいて、ひと口大に切る。
6　肉の上にジャガイモの半量をのせ、ふたを戻す。
7　15分経ったら、鍋をかき混ぜて、残りのジャガイモも加える。煮汁が足りないようなら、鶏ガラスープを少し足すこと。
　　弱火でさらに15分から20分煮る。底が焦げつかないよう、ときどきかき混ぜるのを忘れないように。

　　　※ジャガイモを2回に分けて入れるのは、肉の下に敷く煮くずれたイモと、形をきちんと残したイモの両方をつくるため。

8　塩とコショウで味つけし、あとは熱々のシチューにバターをひとかけと、チャイブをたっぷりのせて、ビーツの酢漬け、ライ麦パンを添えて出す。

豚ほほ肉の黒ビール蒸し煮
ジャガイモと根セロリのマッシュ添え

デンマークの冬らしい料理です。長時間、火にかけておくので、ヒュッゲな気分も高まり、蒸し上がりを待つ間、ワイングラスを片手にお気に入りの本を楽しむことができます。

4人分／調理時間＝１時間45分

〔材料〕豚ほほ肉の黒ビール蒸し煮用
豚ほほ肉……10～12枚
バター……15グラム
根セロリ……1/8個（粗いみじん切り）
ニンジン……１本（粗いみじん切り）
タマネギ……１個（粗いみじん切り）
トマト……１個（4等分に切る）
黒ビールまたはエールビール……500cc
塩、コショウ……適宜

〔材料〕ジャガイモと根セロリのマッシュ用
ジャガイモ……750グラム
根セロリ……1/4個
牛乳……200cc
バター……25グラム

〔つくり方〕豚ほほ肉の黒ビール蒸し煮
1　豚ほほ肉の水気をふき取り、塩とコショウで味をつける。
2　鍋にバターを入れ、中火から強火でバターがきつね色になるまで熱する。鍋に肉を加え、3～4分間、ひっくり返しながらすべての面に焦げ目をつける。
3　根セロリ、ニンジン、タマネギを加え、焼き色がついたらトマトも加える。
4　鍋にビールを注ぐ。具材がかぶるくらいの水加減にしたいので、水分が足りない場合は水を足す。
5　弱火にして、肉がやわらかくなるまで約１時間半煮込む。
6　肉を取り出し、煮汁を煮つめる。煮つめた汁をザルで濾し、塩とコショウで味を調える。

〔つくり方〕ジャガイモと根セロリのマッシュ
1　ジャガイモと根セロリをひと口大に切る。
2　やわらかくなるまでゆでて、水気を切り、つぶす。
3　鍋に入れて温めた牛乳とバターを、つぶした野菜に加え、塩とコショウで味つけする。

　ジャガイモと根セロリのマッシュを皿に敷いて、その上に豚ほほ肉の蒸し煮を盛りつける。お好みでパセリをふりかけても。皿に残ったソースをぬぐえるように、パンを添えてもよい。

ボラ・イ・カリー
（BOLLER I KARRY）
デンマーク風ミートボール入りカレー

このカレーはデンマークの伝統料理で、年代を問わず大人気。辛さをひかえたカレーなので、デンマークの子どもたちも大好きな一品です。私の母が亡くなってからもう20年近くなりますが、大好物だったので、今でも母の誕生日には毎年この料理をつくります。愛する人を偲ぶのに、その人の好物をつくる以上にふさわしい方法はありません。料理は切ない思い出をヒュッゲな晩に変えてくれます。

4 人分／調理時間＝ 1 時間35分（肉ダネを寝かせるための 1 時間を含む）

〔材料〕ミートボール用
パン粉……1 カップ
　（または小麦粉……大さじ 2）
卵……1 個
タマネギ……2 個（みじん切り）
ニンニク……3 かけ
塩、コショウ……適宜
豚のひき肉……2,000 グラム
牛だしのスープ……4 カップ

〔材料〕カレーソース用
バター……大さじ 2
甘口のイエローカレーパウダー
　……大さじ山盛り 2
タマネギ……大 1 個（粗いみじん切り）
西洋ネギ……大 1 本（粗いみじん切り）
小麦粉……大さじ 5
乳脂肪分35％のクリーム
　……100 グラム
生のパセリ……少々（みじん切り）

〔つくり方〕
1　大きいボウルにパン粉または小麦粉、卵、タマネギ、ニンニク、
　塩とコショウを入れて、よく混ぜる。豚肉を加えてさらに混ぜ、
　冷蔵庫で 1 時間寝かせる。
2　スプーンを使い、肉ダネを丸めてミートボールをつくる。鍋でお
　湯を沸かし（分量外）、牛だしのスープとミートボールを全部加
　えて 5 〜10分煮る（煮込み時間はミートボールの大きさによる）。
　ミートボールを取り出し、煮汁はそのまま取っておく。
3　カレーソースをつくる。別の鍋にバターを溶かし、カレーパウダ
　ーを加え、色が変わるまで 2 分くらい炒める。
4　刻んだタマネギと西洋ネギも加え、焼き色がつくまで 2 分くらい
　炒め合わせる。小麦粉を加え、よく混ぜる。2 で取っておいた煮
　汁を少しずつ加えて、濃いソースになるまでかき混ぜる。クリー
　ムとミートボールを加えて12分煮込む。
5　パセリをあしらい、ライスを添える。

グルッグ

（GLØGG）

ホットワイン

グルッグを飲まないと、完璧な12月とはいえません。デンマーク人はバーに集まったり、友人や家族を家に招待したりして、グルッグを飲みながら、お互いに楽しいクリスマスを迎えられるよう祈ります。

〔材料〕グルッグエキス用
レーズン……4 つかみ
ポートワイン……300cc
フルボディの赤ワイン……1 本
ブラウンシュガー……250 グラム
　（できればザラメや糖蜜でできたブラウンシュガーがよいが、三温糖でも OK）
シナモンスティック……20 グラム
オールスパイス（ホール）……20 グラム
クローブ（ホール）……20 グラム
カルダモン（ホール）……10 グラム

〔材料〕グルッグ用
フルボディの赤ワイン……1,500cc
ダークラム（濃褐色のラム酒）……200cc
アクアヴィット（北欧の蒸留酒）またはウオッカ……200cc
オレンジの皮……1 個分
オレンジのしぼり汁……200cc
刻んだアーモンド……100 グラム
レーズン……適宜
ポートワイン……適宜

〔つくり方〕
1　前日にレーズンをポートワインに浸しておく。できれば最短でも
　24 時間は浸すこと。
2　鍋に赤ワインを注ぎ、砂糖、シナモン、オールスパイス、クロー
　ブ、カルダモンを加えて温める（沸騰させないように気をつけ
　て）。火を止め、冷めてから濾す。これでグルッグエキスのでき
　上がり。
3　赤ワイン、ダークラム、アクアヴィット、オレンジの皮としぼり
　汁をグルッグエキスに加える。また沸騰させないよう注意しなが
　ら温め、レーズン、ポートワイン、刻んだアーモンドを加えて味
　を見る。

スノーブロー

(SNOBRØD)

ツイストパン

おしゃれなレストランのノーマでこのパンが話題にのぼることは、まずないでしょう。高級なパンというわけではありませんが、つくる過程が最高にヒュッゲなので、子どもたちに大人気です。

Snobrød の「d」の発音（ð）は、デンマーク語の中でもとくに発音がむずかしい音です。いちばん近い音は英語の「th」ですが、もう少し舌をのばして発音します。日本語ではカタカナ表記しづらい音です。

6個分／調理時間＝１時間15分（生地を寝かせる１時間を含む）

焼き上がりにかかる時間は、火の状態とみなさんのがまん強さによってちがってきますが、通常は10分前後です。

〔材料〕
バター……25グラム
牛乳……250cc
イースト……25グラム
砂糖……小さじ２
塩……小さじ 3/4
小麦粉……400グラム

〔つくり方〕

1 鍋でバターを溶かし、牛乳を加えて、人肌より少し高い温度まで温める。イーストを加え、溶かす。

2 鍋の中身を大きいボウルに移す。小麦粉を少し取り分けて残し、残りの材料をすべてボウルに加えて、パン生地をつくる。台の上で生地をよくこねてから、ボウルに戻し、ラップをかける。生地がふくらむまで１時間くらい、暖かいところに置いておく。

3 打ち粉をした台に生地をのせ、またよくこねる。打ち粉に使ってもまだ取り分けた小麦粉が残っている場合は、ここで生地に加えてもかまわない。生地を６等分して丸めてから、40センチくらいの長さになるよう細長くのばす。のばした生地を、厚みのある棒に巻きつけていく。

4 炭火や、薪などの燃えさしでパンを焼いていくが、火に近づけすぎて焦がさないよう気をつけること。焼き上がりの目安は、叩いてみたときにポコポコ音がするか、棒から簡単にはずれる状態。

フード・クラブ結成

　数年前、親しい仲間と定期的に集まることを目的に、「フード・クラブ」を結成しました。仕事がら、人と人とのつながりが幸せな暮らしに重要であると身をもってわかっていましたし、それに、ヒュッゲを最大限に楽しみたいという思いもありました。

　フード・クラブのやり方は、交代で家に呼び合ってホスト役が5〜6人の客のために料理をつくるというスタイルではなく、毎回一緒に料理をつくることにしました。

　ルールは簡単。毎回テーマやメインとなる食材を決めて（たとえば鴨肉の回やソーセージの回……）、それぞれが材料を持ち寄り、テーマに合う一品をつくるのです。みんなリラックスし、楽しくにぎやかな集まりとなりました。ごちそうの準備に追われたり、「前回に負けない夕食会にしなくては」とプレッシャーを感じる必要はありません。

　フード・クラブの集まりでいちばんヒュッゲな夜になったのは、ソーセージづくりに挑戦したときでした。

　3、4時間かけて、肉を刻んでひき肉にし、ソーセージの皮に詰め、ゆでで、焼いて。でき上がったソーセージの山を見て、達成感もひとしおでしたが、ようやく食卓についたときにはもう夜の10時。メンバー全員、猛烈におなかが空いていました。

　しかし、ソーセージのできばえはというと……びっくりするほど悲惨でした。口に入れたとたんに感じたのはカビの味。ソーセージらしい味とはとてもいえません。その夜は、みんな空腹を満たせないままベッドへ入るはめになりましたが、今でもとてもよい思い出です。

CHAPTER 5

気楽だけれど、こなれた着こなし

カジュアル・シックを
さりげなくまとう

デンマーク流おしゃれのポイントは、カジュアルであること。カジュアルなスタイル、カジュアルな雰囲気、カジュアルな装いを楽しむのが、デンマーク人の流儀なのです。

コペンハーゲンの街なかでは、三つ揃いのスーツを着ている人をあまり見かけません。ピンストライプのビジネススーツにパリッと身を包んだ人の目には、デンマーク流の着こなしは、きっとだらしなく映ることでしょう。

けれどもそのうち、スタイリッシュでありながらカジュアルさを失わないという、デンマーク流の絶妙な着こなし術があることに気づくかもしれません。

カジュアルかつスタイリッシュに見せるために、多くの男性はトップスにTシャツやセーターを、アウターにブレザーを用います。かくいう私もそのひとりです。

私のお気に入りは、皮のひじ当てがついたブレザー。ヒュッゲで、ちょっと頭がよさそうに見える服です。

実際、このブレザーばかり着ているので、友人からは「どんなに混み合ったバーでも、おまえはすぐに見つけられるよ」とからかわれます。なぜって、ひじ当てのついた服を探せばいいだけだから。顔が見えなくても、後ろ姿で見つかってしまうのです。

デンマーク流おしゃれのルール

デンマーク・ファッションは、スマート、シンプル、エレガントですが、肩ひじの張ったものではありません。シンプルで機能的なデザインと、ヒュッゲとのバランスが絶妙です。

ストール

ストール（スカーフ）はファッションに欠かせません。女性だけでなく、男性もそうです。みんなが巻くのは冬ですが、真夏でも巻いているようなストール依存症の人もいます。

ストールの黄金律、それは「大きければ大きいほどよい」。だから、スタイリッシュに何重にもストールを巻いて、「あとひと巻きすれば窒息するかもしれない」というところまでボリュームを出すのがポイント。

黒ずくめ

　コペンハーゲン空港に着いて街へ一歩出ると、忍者映画のセットに迷いこんだような気分になるかもしれません。デンマークでは、みんなが黒い服を着ています。まるでファッション・デザイナーのカール・ラガーフェルドのお葬式衣装のよう——スタイリッシュだけどモノトーンで統一されています。夏になると色のバリエーションが広がり、もっと明るい色を着ることもあります（でも、せいぜいグレーですが）。

厚手のトップス

　トップスに手編みのウールのセーター、カーディガン、プルオーバーを着て、ボトムスに、女の子は黒のレギンス、男の子はスキニージーンズという組み合わせは、ファッションセンスとヒュッゲのバランスが取れた服装です。セーターは厚手のものを。でも、だらしないものは許されません。そしてストールをお忘れなく。

重ね着

　1日のうちに四季があるデンマークを生き抜くコツは「重ね着」です。つねに予備のカーディガンを1枚持ち歩くように。寒さにふるえていたら、ヒュッゲはできません。

カジュアルなヘアスタイル

　デンマーク流のヘアスタイルは、不精と紙一重のカジュアルさです。起き抜けのヘアスタイルで出かけてもOK。女性は髪をアップにしましょう。結ぶ位置が高ければ高いほどすてきです。

サラ・ルンドのセーター

　デンマークを象徴するセーターは、デンマークの大ヒットテレビドラマ「キリング」で主人公の女刑事サラ・ルンドが着て一躍有名になったセーターです。人気が出すぎて、フェロー諸島にある製造元では生産が追いつかなかったほど。

　このセーターを選んだのは、サラ・ルンド役の女優ソフィー・グローベールです。「ひと目見てピンときたの。これがいい！　ってね」
　70年代に子ども時代を送った彼女。ヒッピーだった両親は、これと似たようなセーターを着ていたそうです──「あのセーターは、私にとって家族との絆の象徴なのよ」

ヒュッゲのヒント　**買い物は思い出と共に**

　ものを買うときは、幸せな経験と結びつけるのがポイントです。むかし、ほしい椅子があってお金をせっせと貯めていましたが、買ったのは初めての本が出版されたとき。こういう買い方をすると、椅子を見るたびに、大切な仕事をやり遂げたときのことをずっと思い出すことができます。特別なセーターやお気に入りのウールのソックスでも同じこと。
　まずはお金を貯めましょう。ただし、買うのは本当に特別な出来事があったとき。そうすれば、セーターやソックスを身につけるたびに、そのときのことを思い出すことができます。

CHAPTER 6

居心地のよさを
求めて

みんなが集まる、
温かいヒュッゲの拠点

「コペンハーゲン」「キリング」「ブリッジ」といったデンマークのテレビドラマは、すてきな「デンマーク・デザイン」にあふれています。映し出されるシーンのほとんどが、どれも第一級の家具で美しく飾られた家やアパートなのですから。

デンマーク人の家に入ると、インテリア雑誌のページの中に入りこんだような気分になることがよくあります。

デンマーク人のだれもがインテリアに強いこだわりを持っていますが、それは家がヒュッゲの拠点だからです。ほかの国では、社交場といえばバーやレストラン、カフェなのだと思いますが、デンマークでは家がその中心なのです。

デンマーク人は「ホームヒュッゲ（hjemmehygge＝イェメヒュッゲ）」が大好き。デンマーク人にいちばんヒュッゲを感じる場所はどこかと聞くと、10人中7人が「家」だと答えます。もちろん、レストランで高いお金を払いたくないという理由もあるのかもしれませんが……。

いちばんヒュッゲを感じるのはどこですか？

 71% 家

 29% 外

だからデンマーク人は、自宅をヒュッゲにするために、お金と労力を惜しみません。

　もうひとつ、興味深いデータがあります。デンマークは、１人当たりの生活空間がヨーロッパでいちばん広い国でもあるのです。

１人当たりの居住面積（平方メートル）

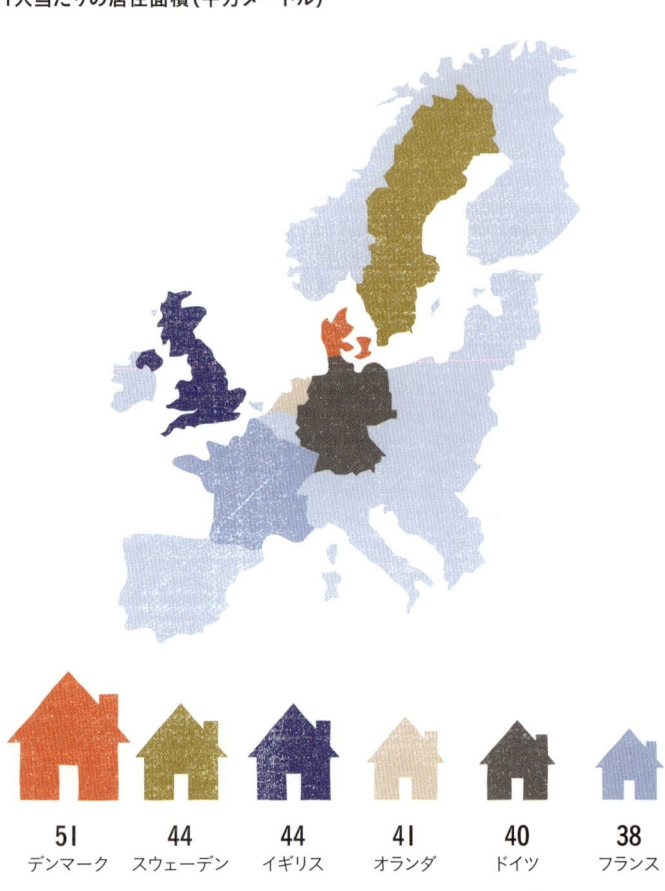

51	44	44	41	40	38
デンマーク	スウェーデン	イギリス	オランダ	ドイツ	フランス

　ある年の12月、学生だった私は空き時間をすべて費やして、クリスマスツリーを売るバイトをしていたことがあります。寒い冬でしたが、木のそばで働いていたおかげで、寒さをしのぐことができました。

　そして、かせいだお金を全部つぎこんで、ずっとほしかった椅子を買ったのです。ハンス・J・ウェグナーの美しいデザインで、1963年のシェルチェア。クルミ材とダークブラウンのレザーを使ったものです。

　ところが、その2年後にアパートに強盗が入って、なんとその椅子が盗まれてしまいました。人生最悪の出来事のひとつです。まあ、犯人たちの趣味がよかったことだけが救いなのかもしれませんが……。

デンマーク人のデザインへのこだわりを象徴する例をひとつ。それは「花びん騒動」です。

　陶器メーカーであるケーラー社が2014年8月25日に「オマジオ・アニバーサリー・ベース」という限定品の花びんを発売したところ、オンラインで購入しようと1万6,000人を超えるデンマーク人が殺到。限定品は即完売しました。ウェブサイトはクラッシュしてしまい、お目当ての品がある店には長い行列ができました。

　ケーラー社は、「販売数が少なすぎだ」と猛反発を受けるはめになりました。いささかヒステリックすぎる反応かもしれません。

　労働時間が比較的短くて、医療も大学教育もタダ、そのうえ年間有給休暇が5週間もあるという、悩みが少なすぎるデンマーク人からすれば、その花びんを手に入れられなかったことは、ここ数年で最悪の出来事なのでしょう。

　ちなみに「オマジオ・アニバーサリー・ベース」は高さ20センチ、ゴールドブラスのボーダー柄のすてきな花びんです（下の写真）。

家がみるみるヒュッゲになるもの10選

1 ヒュッゲなスペース

　まずまっさきに必要なのは、ヒュッゲなスペースです。ざっくり言えば、「人目につかないところ」といった感じでしょうか。家の中で、本と紅茶のカップをお供に、ブランケットにくるまりたくなるような場所のことです。

　私の場合はキッチンの窓辺。そこにトナカイのラグを敷き、クッションをいくつか並べ、ブランケットを持ちこめば準備完了。そこは夜間の仕事場にもなります。

　デンマーク人は自分がホッとする場所を大切にし、だれもがそういう場所をひとつは持ちたいと願っています。

　コペンハーゲンの通りを歩いていると、建物の多くに出窓があることに気づきます。その窓辺にはクッションやブランケットがいっぱいあって、住人が1日の終わりにくつろぐ場所となっているにちがいありません。

　ヒュッゲなスペースは窓辺だけとはかぎりません。クッションを置いてくつろげる場所ならOK。それにやわらかな光と、ブランケットもあるといいですね。

　これで、あなただけのヒュッゲなスペースの完成です。そこで本を読んだり、ゆっくり温かい飲み物を楽しんでください。

せまいスペースを大切にする習慣は、太古のむかし、人間が洞窟で暮らしていた時代までさかのぼることができます。そのころは危険な動物がいっぱいいて、どこで暮らすかは生死にかかわる重要な問題でした。

　せまい空間は、生活するのに何かと好都合でした。そこに住む人たちの体温ですぐに暖かくなるし、広い空間よりもぬくもりが残るからです。そのうえ、せまい空間は大きな動物からかくれるのに最適でした。

　現代の私たちがヒュッゲなスペースをつくりたがるのは、「安全だから」という理由もあるでしょう。別の部屋や通りも見わたせるので、周囲の危険をいち早く見つけることができます。

　それにヒュッゲなスペースにいるときは、リラックスできます。つまり、自分を取り巻く状況を把握して、予測できない事態にさらされることを回避しているのだといえます。

② 暖炉

　子ども時代を過ごした家には、本物の暖炉と薪ストーブがあって、薪をくべて暖を取っていました。子どものころは、薪をくべて火をつけることが大好きでした。これはきっと、私だけではないはずです。

　デンマーク環境省の調査によると、デンマークでは約75万戸の家庭に暖炉や薪ストーブが設置してあります。この国の全戸数はだいたい250万戸なので、デンマークの家庭の約30パーセントという計算です。
　ちなみに、イギリスでは約100万戸の家庭に薪ストーブがありますが、イギリスの全戸数は約2,800万戸なので、割合にするとわずか3.5パーセントです。同じヨーロッパの国でも、これほど差があるのです。

暖炉か薪ストーブがある家庭

30%
デンマーク

3.5%
イギリス

　では、どうしてデンマーク人は、薪を燃やすことにここまでこだわるのでしょうか？

「ヒュッゲだから？」——はい正解です。でも、ヒュッゲのためだけなのでしょうか。

　デンマークのオーフス大学が実施した調査によって、真実がひとつ明らかになりました——デンマーク人が薪ストーブを持っている理由は「安上がり」だから。でも、これは2番目の理由……。

　やはり、大部分の人はヒュッゲのためでした。薪ストーブを使ういちばんの理由を聞かれて、回答者の66パーセントがはっきりと「ヒュッゲ」をあげていたのです。

　回答者のひとりは、「暖炉は人類がつくり出した作品の中でも、最高にヒュッゲだ」とまで言い切っていました。

　デンマーク人にとって、暖炉はひとりで座って休息する場所であり、親しい人たちと過ごして一体感を深める場所でもあります。

③ キャンドル

キャンドルのないヒュッゲなんてありえません。CHAPTER 1を読み返してみてください。

④ 木でできたもの

木でできたものには、心を強くひきつける魅力があります。暖炉の薪が燃えるにおい、マッチなど……。木製の机のすべすべとした手ざわり、木の床がやさしくきしむ音……。

木製のおもちゃは、一時期プラスチックのおもちゃに押されていましたが、人気がまた復活しています。有名な「カイ・ボイスンの木製のサル」（下の写真）がいい例です。

木にふれると、自然に近づく感じがしませんか。その感情はとてもシンプルで、原初的でもあり、ヒュッゲの概念にとても近いといえるでしょう。

⑤ 森をまるごと

　木だけでは物足りないのか、デンマーク人は家の中に森をまるごと持ちこもうとします。葉っぱや木の実、小枝、動物の毛皮などなど。どれもヒュッゲ度を高めるようなものばかりです。

　あなたの家でも、ソファーや椅子を羊毛のラグでおおって、ヒュッゲ度を高めてください。床にはふかふかの毛皮を敷いて。

　ちなみに……、コペンハーゲンは過去に何度も大火事にみまわれています。デンマーク人が、キャンドルや木製品といった燃えやすいものが大好きなのが災いしたのだと思われます。
　念には念を入れて火の用心しましょう。

6 本

　本がぎっしり並んだ本棚を見ると、幸せな気持ちになりますよね。好きな本を読んで休憩するのは、ヒュッゲの基本です。

　本のジャンルは問いません。棚に置く本は、恋愛小説でも、SF小説でも、料理本でも、ホラー小説であってもOKです。

　本ならなんでもヒュッゲですが、そのなかでもジェーン・オースティン、シャーロット・ブロンテ、レフ・トルストイ、チャールズ・ディケンズといった作家たちの古典作品は、本棚で特別な位置を占めています。

　子どもがいる人は、子どもが本の楽しさがわかる年齢になったら、ヒュッゲなスペースに一緒に座って、読み聞かせをしてあげましょう。

⑦ 陶磁器

美しいティーポット、ダイニングテーブルの花びん、いつも使っているお気に入りのマグカップ——どれもみなヒュッゲです。

デンマークには世界的に有名な陶磁器メーカーがふたつあります。ひとつは112ページでも紹介したケーラー社。175年以上の歴史があり、1889年のパリ万博で強烈な印象を与えました。エッフェル塔の落成式が行なわれた年です。

もうひとつのメーカーは、もちろんロイヤルコペンハーゲンです。1775年にユリアナ・マリア女王が設立。近年「ブルーフルーテッドメガ」（訳注：ブランドを代表する唐草模様のデザインを現代風にアレンジした商品シリーズ）で人気を盛り返しました。

8 触感

　インテリアは、外見だけでなく、さわり心地もヒュッゲでなくてはいけません。

　木製のテーブルに指を走らせたときや、陶磁器のカップのぬくもりにふれたときの触感は、金属やガラス、プラスチックの触感とは明らかにちがいます。

　ふれたときにどう感じるかを考えて、触感がよいものを家に置くようにしましょう。

9 ヴィンテージ

　デンマークでは、ヴィンテージのものは尊重されます。ヴィンテージショップに行けば、だいたい何でもそろいますが、まるで石炭の山からダイヤモンドを見つけるような大変な作業になるかもしれません。

　ヴィンテージショップで見つけたものは、家をヒュッゲにしてくれます。なかでも、古いランプやテーブル、椅子などはヒュッゲの代表選手です。

　ヴィンテージを多くそろえることで、物語が生まれ、なつかしい気持ちが呼び起こされます。身近なものには、物質としての性質だけでなく、感情に訴えかける物語があるのです。

　私のアパートにあるお気に入りの家具は2個のオットマン（足のせ台）です。おじと一緒につくったもので、どこにでもありそうな平凡なデザインですが、私にとっては思い出が詰まっています。

　10年前の昼下がり、樹齢100年のクルミの木から切り出してつくったのです。これぞ、まさにヒュッゲでしょう。

⑩ ブランケットとクッション

　ブランケットとクッションは、冬場には欠かせないヒュッゲのマストアイテムです。

　寒くなくても、ただ気持ちいいからブランケットにくるまってみましょう。
　ウールやフリースといった素材でつくられた温かいものと、コットンでつくられた軽めのものを季節に合わせて用意しましょう。

　クッションもまた、ヒュッゲに欠かせないものです。すてきなクッションに頭をあずけて、お気に入りの本を読む。これ以上にすばらしいことはありませんよね。

　ここまでの話を総合するなら、「ヒュッゲとは心地よい食べ物とふかふかのブランケットがあればいい」といったところでしょうか。

　ストレスの多い毎日、ほんの少しの間でいいのです。リラックスしましょう。シンプルな楽しみに幸せを感じるのもよし、クヨクヨ悩みすぎないのも、またよしです。

おうちに引きこもるための
「ヒュッゲお助けセット」

元気が出ない、とくにすることがない、外に出かけるのはおっくうだから、家でひとりまったりしたい。そんな気分のときに備えて、防災セットならぬ「ヒュッゲお助けセット」を用意しておきましょう。

ヒュッゲに欠かせないものを、スーツケースに詰めておきましょう。以下のリストを参考にしてください。ヒュッゲのために即効性があるものは何でしょう。それを最終的に決めるのは、もちろんあなた自身です。

① キャンドル

② 良質のチョコレート

　近くのショコラティエに行って、ぜいたくなチョコレートを1箱用意しておきましょう。超高級品である必要はありません。ときどき楽しむ、ちょっとしたごちそうくらいであればよいのです。

　私なら、1日1粒とか1週間に1粒ほどと、決めて食べていきます。そうしなければ、あっというまになくなってしまいます。1日1回や週1回の習慣にチョコレート1粒を入れておくと、毎日に小さな楽しみが生まれますよ。

③ お気に入りのお茶

　今の私のお気に入りはルイボスティーです。

④ お気に入りの本

　空想世界に没頭するために、本を1冊お助けセットに入れておきましょう。

　私もそうですが、仕事がら多くの本を読んで、ポイントをすばやく理解するのがクセになっている人は、ついつい急いでページをめくってしまうかもしれません。

　あるいは、スパイ小説などは、一刻も早く最後のページまで読みたくなるのも無理はありません。

　でも、覚えておいてください。速読はヒュッゲな読書ではありません。じっくりと読んで、ストーリーをすみずみまで味わいましょう。

　ちなみに私がお助けセットに入れたい本は、アーネスト・ヘミングウェイの『武器よさらば』です。

⑤ お気に入りの映画、テレビドラマシリーズ

　私のお気に入りは「Matador（ひとりじめ）」。40年ほど前のデンマークのテレビドラマで、世界恐慌の時代からナチス占領時代までの、デンマークの小さな町の生活を描いています。

　このシリーズは近代デンマークを学べる教科書のようなドラマで、デンマーク人ならたいてい、セリフを 2 つや 3 つは知っています。

⑥ ジャム

「保存食パーティー」で自分や家族、友人がつくったごちそうを、いくつかお助けセットにしのばせておきましょう。保存食パーティーのことは、あとでくわしく説明しますね（178ページ参照）。

⑦ はき心地のよいウールのソックス

⑧ お気に入りの手紙

　話すことはその瞬間に消えてなくなるものですが、書き記したことはいつまでも残ります。何百年も前の言葉を読むことができますし、遠く離れた愛する人の言葉を目の前で見ることもできます。

　古い手紙を読み返すと、心が落ち着き、なつかしい絆がよみがえります。

　デジタルでやり取りするメールよりも、紙の手紙のほうがよりヒュッゲです。むかしは、手書きの手紙は大事に取っておいたものです。同様に、メールであっても、プリントアウトをすれば同じように手元に置いておくことができますよ。

⑨ 温かい上着

⑩ ノート

　ノートは必須です。このノートを「ヒュッゲ日記」と名づけましょう。

　まずはじめに、ここ数カ月、数年で経験したもっともヒュッゲな思い出をいくつか書き出しましょう。こうしておけば、その体験をもう一度楽しむことができますし、自分が心地いいと思えることを心に留めておくことができます。

　つぎに、将来どんなヒュッゲな経験をしたいか考えてみましょう。

⑪ すてきなブランケット

⑫ 紙とペン

　今までに人からもらった厚意に、お返しをしてみませんか。感謝の気持ちを伝えたい人を思い浮かべて、その人たちに感謝の手紙を書きましょう。

⑬ 音楽

　一般的には、レコードのほうがデジタルよりもヒュッゲ度が高いと考えられます。しかし、iTunesやSpotify（スポティファイ）のようなサービスも利用価値があります。ヒュッゲなプレイリストをつくっておけば、好きな音楽をエンドレスで聴きたいときに便利です。

　私のお気に入りはゆったりとした音楽。最近はグレゴリー・アラン・イザコブなどをよく聞いています。でもいちばんのオススメは、デンマークのシンガー・ソングライター、アグネス・オベルです。

⑭ フォトアルバム

　フェイスブックにアップしたたくさんの写真から、お気に入りを100枚厳選して、プリントアウトしてからアルバムにまとめましょう。今度嵐がやってきた夜に、マグカップをそばに置いてアルバムを手に取ると、ヒュッゲ度がグンと増しますよ。

CHAPTER 7

街に出よう。
楽しいことを
探検しよう

外の空気を思いっきり吸いこんで

　ヒュッゲの中心となる場所はやはり家だけれど、家の外でももちろんヒュッゲを楽しめます。小屋やボート、すばらしい自然の中は、ヒュッゲを体感するのに絶好の場所です。

　自分にヒュッゲをもたらしてくれる場所や要素を考えてみましょう。きっとそれはひとつではなく、たくさん積み重なってつくられているのではないでしょうか。

あなたにとっての
「ヒュッゲの素」は何ですか？

「幸福について研究する」という仕事がら、資料からパターンを探ることがよくあります。同じように、ヒュッゲな状況をよく調べていけば、ヒュッゲな瞬間に共通する要素、つまり「ヒュッゲの素」が見つかるはずです。

仲間

ひとりでもヒュッゲは楽しめます。

雨の降る日曜の午後、お気に入りのテレビ番組を見ながら毛布にくるまる時間は、まぎれもなくヒュッゲです。

赤ワインを注いだグラスを手に、雷雨をながめるのもヒュッゲ。ただ窓辺に座って、目の前を行き過ぎる外の世界を見ているのもヒュッゲです。

でも最高にヒュッゲな瞬間が訪れるのは、だれかと一緒のときではないでしょうか。

数年前、私の父と2人のおじ（父の兄弟）の年齢が3人合わせて200歳になりました。そこで3人は、デンマークの西海岸にある大きな小屋を借りて、家族みんなに招集をかけました。

小屋のまわりは見わたすかぎり砂丘で、でこぼこの起伏に富んだ風景が広がり、荒々しい風がたえず吹きつけます。

私たちはそこで週末を過ごし、ひたすら食べて、飲んで、心ゆくまでしゃべり、海岸へ散歩にも行きました。

振り返ってみれば、これほどヒュッゲな週末はなかったように思います。

いつものままで

ヒュッゲな瞬間はたいてい、「いつもどおり」であることが土台となって生み出されるようです。

あなたがホスト役の場合、お客さんと共にヒュッゲを楽しむには、まずあなたがリラックスしなくてはいけません。ふだん着のまま、ありのままでよいのです。

20代のころ、秋にフランスのシャンパーニュ地方で、ブドウの収穫を手伝ったことがあります。その後、十数年たって友人3人と再びシャンパーニュを訪れた私は、そのときのブドウ園に立ち寄ることにしました。ブドウ園の主人のマルケット氏のほか、彼の妻や息子とも再会を果たしましたが、息子はもうすっかり大人になっていました。

ブドウ園にある食堂兼用の広いキッチンは素朴で、天井が低く、石畳が敷かれています。食堂の長いテーブルを囲んで座り、みんなでワインを飲みました。

マルケット氏の家族とは何年も会っていなかったのに、堅苦しい雰囲気はまったくありませんでした。

自然に親しむ

　スウェーデンの川辺に座っていても、フランスのブドウ園にいても、自分の庭や近所の公園にいても、自然に囲まれているときは気持ちがほぐれ、物事が少しすっきり見えてきます。

　スマートフォンやゲームにはまりこんだり、物事の選択肢の多さに途方に暮れることもありません。
　そこにはぜいたくもなく、過剰なものもなく、あるのはよき仲間と楽しい会話だけです。シンプル、ゆったり、素朴であることは、ヒュッゲへの近道です。

　ある夏の日に、私は友人たちとスウェーデンの南部にあるニッサン川のほとりへキャンプに出かけました。
　バーベキューグリルでチキンを焼くと、だんだんいい焼き色がついて、黄金色に変わっていきます。アルミホイルに包んだジャガイモが焼ける、ジュージューいう音も聞こえてきます。

　その日はカヌーで遠出したため、あたりはもう暗くなり始めていました。炎はキャンプ場を囲む木々を暖かな色に照らし出しましたが、その光にさまたげられることなく、木の上には星が見えました。
　黄金色のチキンができ上がるのを待つ間、コーヒー用のマグカップでウィスキーを飲む。みんな疲れていたので静かでしたが、幸せな気分でした。
　まさに極上のヒュッゲです。

今この瞬間に心を傾ける

今この瞬間に心を傾けることも、ヒュッゲを生む要素のひとつです。今生きている時間を体感し、味わおうという強い気持ち、「今ここ」で起こっていることに深くかかわろうとする姿勢が大切です。

たとえば、人里離れた場所にキャンプ旅行に出かけると、ネットはつながらないし、電話も使えません。メールもダメ。静寂、自然、よき仲間に囲まれていると、心からくつろぐことができ、その瞬間をより深く味わうことができます。

毎年夏になると、親友とそのお父さんと一緒にヨット遊びに出かけます。風を目いっぱい受けた白い帆と青い空の下に立ち、甲板の下から鳴り響く音楽を聴きながら、ヨットのかじを取る。最高の瞬間です。

この旅でもっともヒュッゲな瞬間は、行った先々でさまざまな港を訪れるとき。夕食をすませるといつも一緒にデッキに座って、日が沈む様子をながめ、ほかの船のマストや装具の間を吹き抜ける風の音に耳を澄ませながら、食後のアイリッシュ・コーヒーをゆっくりと楽しみます。これぞヒュッゲです。

これまでご紹介してきた要素を組み合わせて、あなたもヒュッゲな瞬間をつくってみませんか。

また私の場合は、子ども時代に夏を過ごした山小屋に、ヒュッゲの要素がすべてそろっていました。この小屋は街からわずか10キロメートルのところにあり、毎年5月から9月までをここで過ごしました。

この時期は夜も暗くならないので、私たち兄弟は長い長い夏の日を過ごしたものです。木登り、魚釣り、サッカー、自転車。トンネルを探検したり、ツリーハウスで寝たり、ビーチでボートの下に隠れたり、ダムや砦（とりで）をつくったり、弓矢で遊んだり、森でベリーを探したり。そういえば、ナチスの埋蔵金探しにもくり出したっけ。

小屋の大きさはふつうの家のサイズの３分の１ほどしかなく、家具は古く、テレビは白黒の14インチで、まともに映りませんでした。でも、この小屋で過ごした夏の日々は、最高にヒュッゲな時間でした。

　香り、音、シンプルさ。そのどれもがヒュッゲの大切な要素です。そこにいると、一緒にいる相手との距離がグンと縮まります。

　小屋にいるとほかにやることがありませんから、できるだけ外へ出よう、だれかと一緒にいよう、その瞬間を味わおう、という自然な気持ちがわいてきます。

仕事中でもこだわりたいこと

　ヒュッゲは居心地のいい小屋や、テラスで飲むコーヒー、暖炉の前に座ることでしか得られないものではありません。プライベートだけでなく、ビジネスでもヒュッゲは楽しめると、デンマーク人は信じています。

　CHAPTER 4で紹介したように、デンマークの人々は甘いお菓子が大好き！　ケーキがあれば、職場もヒュッゲな場所に早変わりします。それにキャンドルも必須ですね！

　私が運営しているハピネス・リサーチ研究所がヒュッゲに関して行なった調査では、デンマーク人の78パーセントが、仕事中もヒュッゲであるべきだと答えています。

仕事はヒュッゲであるべきですか？

9%
わからない

13%
いいえ

78%
はい

ヒュッゲのヒント **職場でヒュッゲ**

　では、職場をもっとヒュッゲにするには、どうすればいいでしょう？ キャンドルとケーキは、その手始めにすぎません。

　たとえば、ソファーを置いてみるのはどうですか？ 長い資料を読むときや、簡単な会議をするときに活用できます。仕事の性質上、私はよくインタビューを行ないますが、味気ないオフィスに置かれた高級なテーブルをはさんで一対一で向き合うよりも、ソファーに隣り合わせに座って話すほうが断然楽しめます。

CHAPTER 8

365日、心がポカポカする暮らし

クリスマスだけでは
ありません

「悪い天候などない。ただ、悪い服装があるだけだ」──デンマークでよく耳にすることわざです。でも、それは負け惜しみ。正直言ってデンマークの天候は、魅力あふれるものではありません。

デンマークは「暗い季節」「風が強い季節」「湿度が高い季節」で１年を終える、という人もいれば、デンマークは冬が年に２回あって、ひとつは灰色の冬でもうひとつは緑色の冬だ、という人もいます。

こんな調子ですから、デンマーク人は冬の間のほとんどを室内で過ごします。

夏場になると、デンマーク人はわれ先にと外に出かけ、何としても太陽が見えるところにいたいと願います。でも、11月から３月までの期間は室内にこもるしかありません。

デンマークは雪がたくさん降る国ではありません。したがって、スウェーデンやノルウェーのような冬の遊びを楽しむ機会に乏しく、かといって南欧のように冬場も外で過ごすことはできません。家でヒュッゲを楽しむしかないのです。

ですから、ハピネス・リサーチ研究所の調査が示すとおり、もっともヒュッゲが求められる季節は秋と冬なのです。

ではここで、1 年を通してヒュッゲを楽しむために、選りすぐりの
アイデアを紹介します。

① 月 ムービーナイト

　1 月は気軽な映画会を開いて、友人や家族とくつろぐのにもってこ
い。みんなでシェアできるおやつをそれぞれ持ち寄り、むかしの名画
を選びます。だれもが知っている作品なら、映画を見ながら少しおし
ゃべりしても大丈夫です。

　ムービーナイトをさらに盛り上げる余興が、映画のあらすじをひと
ことで説明するキャッチフレーズを考え出すことです。
　たとえば『ロード・オブ・ザ・リング』3 部作なら、「9 時間かけて
友だちと宝石を返す話」。『フォレスト・ガンプ』なら、「麻薬依存症
の女が何十年間も知的障害の少年を利用する話」といった具合にひね
りを利かせましょう。

2月 スキー旅行

冬の山の景色は息をのむ美しさ。空気はすばらしく澄み切って、ゲレンデを滑り降りるスピードには心がおどります。

でも、スキー旅行の最大の魅力はヒュッゲです。
魔法が起きるのは、小屋へ戻ってから。スキーでクタクタ、髪は汚れてぼさぼさ、ウールの靴下は湿って気持ちが悪い。でも、静かにコーヒーを飲むひとときは、何にも代えがたい瞬間です。

旅行カバンにグランマルニエ（オレンジのリキュール）を入れていくのをお忘れなく！

3月 テーマを決めて過ごす

夏休みに家族で旅行する予定の人は、この時期に旅先でのヒュッゲを先取りするのがよいでしょう。

たとえばスペインに行くなら、3月はスペインを「研究」して過ごすのです。スペイン映画を見たり、スペインの料理をつくったり。

付せんにスペイン語を書いて、身のまわりのものに貼りつけるのもいいでしょう。椅子（sillas）、テーブル (mesa)、皿 (platos) といった具合です。そうすれば、ひと足先に言葉の勉強を始められます。

旅行の予定がない人は、以前訪れた国をテーマにしてもいいし、いつか行きたい場所を選んでもいいでしょう。自分がその国へ行けないなら、自分の家にその国を持ちこめばいいのです！

4月 ハイキングと直火料理

4月はハイキングやキャンプ、カヌーを大いに楽しめる月です。少し肌寒く感じることもあるので、ウールの靴下（とびきりヒュッゲなアイテム！）を忘れずに持っていってください。この時期は蚊が少ないのも助かります。

ハイキングには、ゆるやかさ、素朴さ、一体感がすべて組みこまれています。薪を集めて火を起こし、食べ物を用意して、直火でゆっくり焼けていく様子を見つめ、食事がすんだら、星空の下でウイスキーを楽しみます（火の取りあつかいは、地域のルールに従ってください）。

また、イースターのお祝いも兼ねて、子どもたちのために卵型のチョコレートを持って出かけてはいかがでしょうか。

5月 田舎の小屋

　日がだんだん長くなってくる5月は、そろそろ田舎へ出かけてもいい時期です。友だちの中に田舎に家を持っている人がいるかもしれませんし、自分で安い貸し別荘を見つけてもいいでしょう。

　質素な小屋であればあるほど、ヒュッゲ度は高まります。暖炉があればもうけもの。雨に備えて、ボードゲームを忘れずに持っていきましょう。

　5月の週末は、その年最初のバーベキューを楽しむ機会になるかもしれません。ビール片手に焼き網の前に立って過ごす時間は、いうまでもなくヒュッゲです。

エルダーフラワーの飲み物と夏至

6月上旬はエルダーフラワー（西洋ニワトコの花）を摘んで、コーディアル（ハーブを漬けこんだドリンク）やレモネードなどの飲み物をつくるのにぴったりの季節。暑い夏には冷やして、寒い冬には温めて、夏の香りを楽しみましょう。

コーディアルをつくるときには、鍋に花とレモンを入れて24時間置いておくので、家中が夏のヒュッゲの香りに包まれるはずです。

香りをひとかぎするだけで、子ども時代の夏の日へタイムスリップできます。

―――――――

エルダーフラワーのレモネード／ 2,500cc

〔材料〕
エルダーフラワー……30房
大きいレモン……3個
水……1,500cc
クエン酸……50グラム
砂糖……1,500グラム

〔つくり方〕
1　エルダーフラワーを大きなボウルに入れる。なるべく液体が5,000cc入る大きさのボウルを使う。
2　レモンはお湯を使ってこすり洗いしてから、薄切りにして、花を入れたボウルに加える。
3　鍋に水を入れて沸騰させ、クエン酸と砂糖を加える。
4　花とレモンが入っているボウルに3の熱湯を加える。
5　ボウルにふたをして、レモネードを3日間寝かせる。
6　ボウルの中身を濾して、ビンに注げば完成。冷蔵庫で保存すること。

　6月23日は聖ヨハネの生誕を祝う前夜祭で、この夜には夏至のイベントが行なわれます。

　6月のデンマークでは、太陽は夜の11時近くに沈みますが、沈んだあとも真っ暗にはなりません。夏至になると、明日から日が短くなって、ゆっくりと暗くなっていくのだなと思い、どこか切ない気分になります。

　この夜はピクニックに最適です。友だちや家族を連れて出かけ、たき火を囲みましょう（160〜161ページの写真が夏至のお祭りです）。

　空が明るいので、たき火を始めるのはかなり遅い時間になってから。子どもたちは、スプーンに卵をのせて走る「卵運び競争」をして遊びます。

7月 夏のピクニック

　7月は、デンマーク人が外へ出かけたいと心から思う時期です。気候は暖かく、日もまだ長く、まさにピクニックにぴったり。

　海や草原へ行くもよし、公園へ行くもよし。どこへ行くかはあなたしだいですが、とにかく街を飛び出しましょう。家族や友人、近所の人、最近近くに引っ越してきた人も誘ってください。

　各自1品か2品、食べる物を持ち寄り、みんなで分け合います。持ち寄り制にするとたいてい、いつもの食事会以上にヒュッゲが楽しめます。食事を分け合い、責任や作業も分け合う、その平等さが何よりもヒュッゲだといえるでしょう。

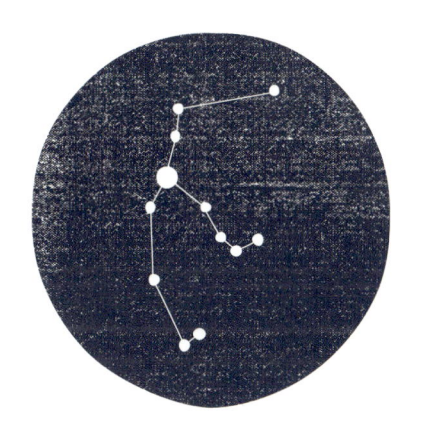

8月 ペルセウス座流星群

　毛布を用意して、寝ころがって星空をながめましょう。

　夜でもほの明るい時期なので、星を見るのに最適とはいえませんが、ペルセウス座流星群が見ごろになるのはこの時期だけです。たいてい8月中旬の、だいたい11日から13日ごろにピークを迎えます。

　北東の空を見上げて、ペルセウス座を探してください。その東にアンドロメダ座、北にはカシオペア座が見えますか。子どもがいる人は、ギリシャ神話の本を持っていって、流星群があらわれるのを待ちながら読み聞かせるとよいでしょう。

　ちなみに、これは北半球の場合。季節はちょっとずれてしまいますが、南半球の人は、みずがめ座 η（エータ）流星群を見る機会をつくってはいかがでしょうか。この流星群の活動が最大になるのは通常、秋にあたる4月後半から5月半ばにかけてです。

9月 キノコ狩り

　キノコ狩りといって思い浮かぶのは秋。でも、夏の終わりから見つけることができます。家族や友人を連れて、森で食材探しをしましょう。

　自分の手で育てたり、つかまえたり、採取したりして得た食べ物ほど、おいしいものはありません。

　＊注意：食用に適さないキノコを食べると命にかかわることがあります。キノコ狩りのベテランでキノコにくわしい人に同行してもらうこと。あるいは、キノコ狩りツアーに参加するのもいいでしょう。

10月 栗

栗の季節です。
子どもがいる人は、一緒に栗拾いに出かけましょう。

あるいは、食用の栗を買ってきて、包丁の先で十文字に切れ目を入れ、200℃のオーブンに入れて30分くらい焼きます。栗の皮が割れて、実がやわらかくなったらでき上がり。外側の固い皮をむき、バターと塩少々を加えていただきましょう。

ひとりでヒュッゲな時間を楽しみたかったら、みかんと焼き栗を用意して、ヘミングウェイの『移動祝祭日』を読んでみてください。『移動祝祭日』は、若きヘミングウェイが下積み時代を過ごした1920年代のパリが舞台のお話です。

11月 スープ料理コンテスト

冬がそこまで来ています。「古きスープをたずねて新しきスープを知る」絶好の季節です。友人を招いて、スープ料理コンテストを開きましょう。

それぞれが1人分の材料を持参して、交代で各自ご自慢のスープをつくっていき、全員が味見できるよう小さな皿によそいます。私はカボチャとショウガのスープをよくつくりますが、クレームフレーシュ（サワークリームの一種）を加えると格段においしくなります。

さらにヒュッゲにしたければ、自家製のパンを添えて。

12月 グルッグとエーブルスキーヴァー

12月は、後述しますが、もっともヒュッゲな時期。キャンドルとお菓子の消費量が急上昇し、体重が気になるところ……。

グルッグがいちばん飲まれる時期でもあります（90ページ参照）。あらかじめレーズンをポートワインにつけておけば、準備は万端！　友人を招いて、グルッグとエーブルスキーヴァー（デンマーク風パンケキ＝228ページ参照）をお供に、午後のひとときを楽しみましょう。

CHAPTER 9

お財布にも
やさしく

人生でいちばんすてきなもの、
それは「無料」

　ぶかっこうなウールのソックスは、派手でも、高価でも、豪華でもありません。でも、それこそがヒュッゲに欠かせない要素。シャンパンとオイスターもすてきですが、ヒュッゲのすてきさはそれらとは別のものです。

　ヒュッゲはひかえめで、ゆったりしたものです。新しいものよりも古びたものを、しゃれたものよりもシンプルなものを、刺激的なものよりも落ち着いたものを。
　ヒュッゲは、スローライフ、シンプルライフを目指すデンマーク人そのものといえるかもしれません。

　「シンプルでひかえめ」はヒュッゲの核ですが、デンマークの文化やデザインにおいても美徳と考えられています。「シンプルで機能的」というのも、デンマーク・デザインの傑作に必ず見られる特徴です。

　デンマーク人は何よりもひかえめであることを愛し、自分の手柄を自慢したり、ロレックスを見せびらかしたりすると、「なんて悪趣味な」と眉をひそめられます。悪趣味はヒュッゲを台なしにするもの。キラキラさせるほど、ヒュッゲから遠ざかっていくのです。

　だから、もし自分では払えないような高級レストランにうっかり入ってしまったら、その店を出る口実として、この切り札が使えるでしょう。

　「ねえ、もっとヒュッゲな場所を探したほうがいいんじゃない？」

　これでデンマーク人は納得します。安い店に行きたいんじゃなくて、ヒュッゲな店に行きたいんですから！

　ただし、高級レストランでも、「ノーマ」のようにとてもヒュッゲな店もあります。なぜなら、照明の使い方が適切で、「ヒュッゲな光」に満ちているからです。

　デンマークの有名な作曲家であり作詞家、ベニー・アンダーセンが書いた「The Happy Day of Svante（スバンテの幸せな日）」は、この一瞬をじっくり味わい、シンプルな楽しみにおおいに浸ろうと歌います。

　ほら、もうすぐ本物の太陽の光があらわれる
　赤い太陽に青白い月
　月の光はシャワーのように降りそそぐ
　なんと私はすばらしいのだろう
　こんなものをすべて手に入れたなんて、人生も捨てたもんじゃない
　それにコーヒーもまだ温かい

幸福の研究においては、「幸福はお金に左右されない」というのがひとつの定説になっています。

　もちろん、食べ物に困るほど貧しい状態なら話は別です。しかし、平均的な収入の家庭で月給が1万5,000円増えても、幸福という点では目立ったちがいは生じないことがわかっています。

　このことはヒュッゲにも当てはまります。

　ヒュッゲな雰囲気や一体感は、お金で買うことはできません。急いでいたり、ストレスがたまっていたりすると、ヒュッゲはできません。親密な関係は、時間をかけ、周囲の人々に関心を持ち、気配りすることでしか手に入りません。

　ヒュッゲの基本は食べることと飲むことですが、その費用をおさえられれば、その分だけヒュッゲ度が高まります。逆に、お金や名誉がからんでくると、むしろヒュッゲから遠ざかります。

　シンプルで素朴な活動ほど、ヒュッゲを楽しめます。お茶はシャンパンよりもヒュッゲ。ボードゲームはオンラインゲームよりも、手づくりの食べ物は買ってきた総菜よりもヒュッゲなのです。

　何かものを買うにしても、キャンドルより高いものを買う必要はありません。お金をつぎこめばつぎこむほど、失われるものがあります。

　ヒュッゲは、資本主義経済とは相容れないかもしれません。しかし、個人の幸せにとっては役に立ちます。

お財布にやさしい「10の活動」

1 ボードゲーム

今はオンラインゲームが続々と出てくる時代。向き合う相手は、人ではなくテクノロジーです。

そんな時代でも、ボードゲームの人気は衰えません。その理由のひとつは、もちろん「ヒュッゲだから」。

ある友人は、毎年ボードゲームの大会を開いています。ゲームの名前は「枢軸国と連合国」。第二次世界大戦を舞台にしたもので、勝負がつくまでになんと14時間ほどかかります！

ただ単にゲームをするだけではありません。まるで政治家さながらに、おそろいの背広を着て部屋に集まり、ワーグナーやベートーベンの曲を流し、葉巻の煙を充満させてゲームに取り組むのです。煙のせいで、仲間の顔はぼんやりとしかわかりません。

正直言ってやりすぎですが、すべてはヒュッゲのためなのです。

では、なぜ、ボードゲームをするとヒュッゲになるのでしょう。

ひとつは、それが「人とかかわる活動」だからです。

みんなの共通の思い出ができて、絆が強くなります。ゲームに参加した友人たちはみんな、数年前の大会で、連合軍がモスクワの陥落（訳注：第二次世界大戦中、ドイツ軍がモスクワ侵攻を目指した作戦にたとえている）にようやく気づいた瞬間を覚えています。

もうひとつは「なつかしさ」です。

メンバーの多くが「モノポリー」などで遊んだ世代なので、無邪気だったあのころに戻れるのです。ゲームがゆっくり進むことも（ときには14時間！）、ヒュッゲにひと役買っています。

② 保存食パーティー

　これは私のお気に入りのひとつ。

　ルールは簡単。友だちを集めてみんなで材料を買い、冷蔵庫や貯蔵庫にストックするための保存食をつくる。ただそれだけです。

　いちごジャム、自家製ケチャップ、鶏ガラスープ、リモンチェッロ（レモンのリキュール）、かぼちゃのポタージュ……つくるものは何でもかまいません。手づくりのごちそうを持って帰るために、広口瓶やカン、ボトルなど、保存に適した容器を持ち寄りましょう。

　このパーティーの利点は、保存食の種類が豊富になること。たとえば、私がかぼちゃのポタージュを10人分つくれば、それが10種類の保存食に早がわりするのです——マンゴーチャツネ、ジンジャービール、唐辛子のピクルス、ナスのペースト、サワードウ・ブレッド（天然酵母を使った酸味の強いパン）、プラムマーマレード、エルダーフラワーのコーディアル、クルミのお酒、ラスベリーのシャーベット、そして自分がつくったポタージュ。

　最高ですね！

③ テレビを楽しむ夜

私はいつも「ゲーム・オブ・スローンズ」というテレビドラマシリーズを親友と一緒に観る機会をつくっています。だいたい1週間おきに2話ずつ、それ以上は次回までおあずけです。
「ネットフリックス」をはじめとするネットテレビで、何でも好きなだけ観られる時代に、私たちのやり方は禁欲的すぎるかもしれません。

それでも長所はいくつかあります。まず、テレビをかつてのような社交の中心に戻すことができます。それに、イベントを心待ちにするのもいいものです。
だから、毎週友だちを招いてヒュッゲな夜を過ごすというのはどうでしょう。

4 ミニ図書館

アパートやマンションに住んでいる人なら、建物に共有スペースがあると思います。そこに「ミニ図書館」をつくってみませんか。

シンプルな食器棚などを探しだして、階段に設置しましょう（もちろん管理人さんに許可を得るのを忘れずに）。そして、読み終えた本を数冊、その棚に置いておきます。

棚から1冊持ち帰るときには別の本を代わりに置いていく、というルールをつくって、近所の人にも書棚の充実に協力してもらいましょう。

階段を通るたびに、並んだ本が「こんにちは」と、あいさつしてくれるようで、家に帰るのがより楽しみになります。

こんな図書館があれば、ほかの住人たちとの交流も、さらにヒュッゲになるでしょう。

⑤ スポールブール

　スポールブールはヨーロッパ、とくにフランスなどでさかんな球技です。デンマーク人の中には、スポールブールのセットを物置きにしまったままにしている人が相当数いるはずです。

　スポールブールは、パスティス（南フランスでよく飲まれるリキュールの一種）を飲む口実になると共に、家族や友人と過ごすすばらしいチャンスでもあります。
　肩ひじ張らないゆっくりしたゲームなので、ゲーム中に会話を楽しむこともできます。

　近所の公園に砂利を敷きつめた場所があれば、ゲームのフィールドとして使えます。さあ、ブランケットとピクニックセットを持って、公園に出かけましょう。

6 火を囲む

火がヒュッゲの要素であることはまちがいありません。

ごく単純な料理をつくるのにじっくり時間をかけることも、ヒュッゲです。火を囲んでいると一体感が生まれ、火がパチパチと燃える音をBGMに、無理をして会話をつなげる必要はありません。

ほら、そろそろ下火になって、残り火がくすぶってきました。適当な棒を見つけて、棒の先っぽをきれいにしましょう。そこにパンをしっかり差し、明るい残り火の上にかざします。

みんなが火のまわりにぐるりと集まってきますが、煙が流れていく方向では輪が少し広がります。煙で目が痛くなるし、火に近づきすぎると手をやけどするし、肝心のパンは外が焦げているのに中は生焼けで……。

そんな光景もまた、かぎりなくヒュッゲでしょう。

⑦ 野外の映画鑑賞

　夏の間、多くの街では野外で映画を上映します。
　デンマークの首都コペンハーゲンでは、8月がシーズンです。6月と7月は、夜でも明るすぎて、映画を見ることができません。

　たいていの場合、音声は聞き取りにくいし、背もたれがなくて座り心地の悪い椅子か、地べたに座るはめになります。
　そんな私の目の前で、かしこい人は小さな折りたたみ椅子を持ってきて、快適に座っています。中にはキャンプセットを広げる猛者もいて、スクリーンの一部が見えないこともあるでしょう。

　それでも、野外での映画は最高にヒュッゲです。
　私は2、3人の友人とよく行きます。今度はキャンプセットを広げ、つまみを片手にワインを飲み、おしゃべりしながら映画が始まるのを待とうと思います。

⑧ 物々交換パーティー

ネットオークションで売ろうと思いながら、もう何年も物置きに眠ったままのランプはありませんか？ 結婚したことで、あまっているミキサーはありませんか？

そういった不要なものを今必要なものと交換して、すっきりしましょう。友人とその家族を呼んで、「物々交換パーティー」を開催してみるのはいいアイデアではないでしょうか。

ルールは簡単。自分たちはもう使わないけれど、ほかに使う人がいそうなものを持ち寄るのです。
お財布にも環境にもやさしいこの方法は、衣装ダンスや食器棚から「タンスの肥やし」を一掃する絶好の機会になります。

ネットで知らない人とやり取りをしたり、自分でフリーマーケットに運んだりするよりも、友人と交換するほうがずっとお手軽で楽しいですよね。

⑨ そり滑り

　北国では冬になると、どうしても屋内に閉じこもりがち。お茶を飲みながら本を読むのも十分にヒュッゲですが、雪の中で1日を過ごしたあとだと、さらにヒュッゲ度が増しますよ。

　仲間を集めて、みんなで丘に行きましょう。
　物置きにしまっていた木製のそりを持ち出せれば言うことなしですが、もっと安上がりな方法もあります。丈夫なビニール袋をそりにして、丘を滑り下りればいいのです。そり滑りはタダ。しかも楽しい！

　滑り終わったときに飲むお茶やホットワインを、保温ポットに入れて持っていきましょう。けっして、飲んでから滑らないように！

⑩ 遊び

　そり滑りやボードゲームはもちろん、これまで紹介した「活動」の多くは「遊び」という大きなカテゴリーに入ります。

　子どものときには遊ぶことが大好きだった人でも、大人になるとなぜか遊びをやめてしまいます。ストレスと不安を抱え、現実と向き合ってあくせくするのが、大人にふさわしい姿だと考えられているからです。

　しかし、アメリカのプリンストン大学が行なった調査（リーダーは経済学者のアラン・クルーガー教授）によると、私たちは余暇活動に参加しているときがいちばん幸せなのだそうです。

　大人になると、どんな活動にも「結果を残す」ことが求められますが、これが問題のひとつでしょう。
　働いてお金をかせぐ。ジムに通って体重を落とす。できるだけたくさんの人とネットワークをつくり、キャリアアップする。「ただシンプルに楽しいからする」ということは、どこへ行ってしまったのでしょうか。

　映画『シャイニング』の中のセリフにこんな名言がありました——「仕事ばかりで遊びがなければ、ジャックはつまらないやつになってしまうよ」

　ページをめくった192〜193ページにプリンストン大学での調査結果を紹介します。これを見れば、スポーツやハイキング、パーティー、子どもと遊ぶことなどが、人生でもっとも幸福感を得られる活動であることがわかります。

プリンストン大学による「活動と幸福感」の調査

　この調査は、調査前日に行なったさまざまな活動に対して「どの程度幸福感を得たか」を約4,000人の回答者に質問して、0〜6までの7段階で回答してもらったものです。点数が高いほど幸福度が高く、低いほど幸福度は低い……という意味です。

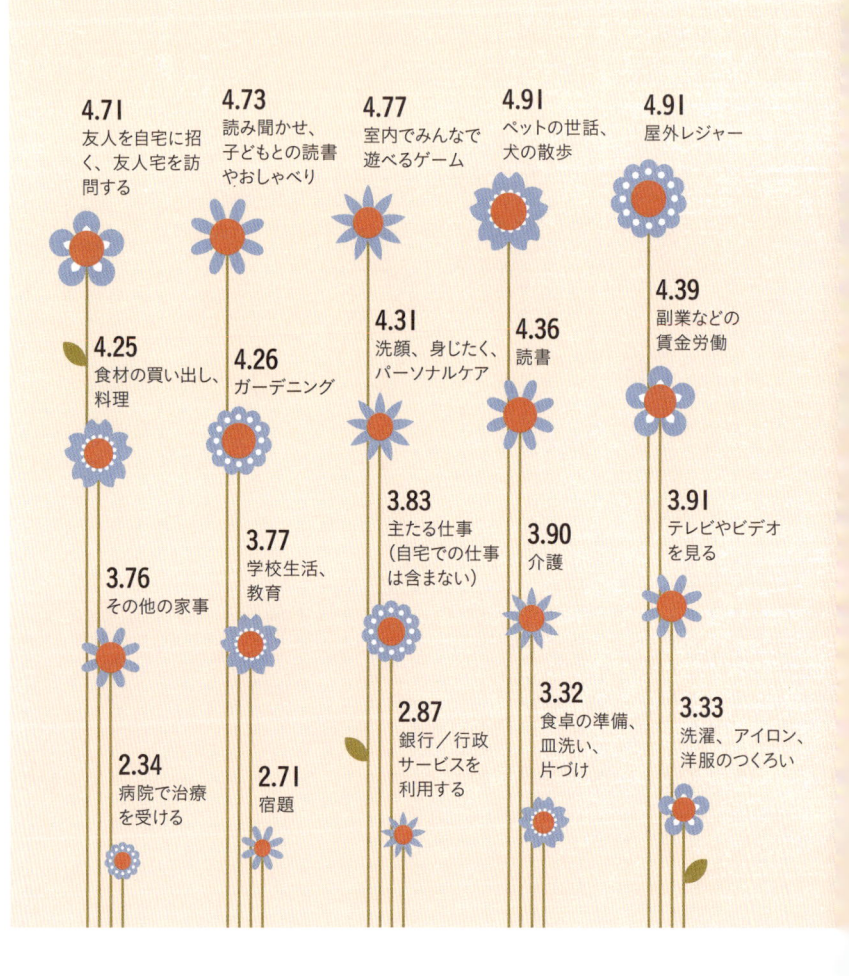

4.71
友人を自宅に招く、友人宅を訪問する

4.73
読み聞かせ、子どもとの読書やおしゃべり

4.77
室内でみんなで遊べるゲーム

4.91
ペットの世話、犬の散歩

4.91
屋外レジャー

4.25
食材の買い出し、料理

4.26
ガーデニング

4.31
洗顔、身じたく、パーソナルケア

4.36
読書

4.39
副業などの賃金労働

3.76
その他の家事

3.77
学校生活、教育

3.83
主たる仕事（自宅での仕事は含まない）

3.90
介護

3.91
テレビやビデオを見る

2.34
病院で治療を受ける

2.71
宿題

2.87
銀行／行政サービスを利用する

3.32
食卓の準備、皿洗い、片づけ

3.33
洗濯、アイロン、洋服のつくろい

5.24
パーティーや
レセプション

5.24
スポーツのイベ
ントに参加する

5.32
狩り、釣り、
ボート、
ハイキング

5.33
音楽を聴く

5.41
子どもと遊ぶ

4.97
お祈りや
宗教行事

5.0
カフェやバー
に行く

5.02
買い物など、
消費に関連
した外出

5.06
家事代行
サービスを
利用する

5.09
スポーツや
運動

4.40
リラックス、
考えにふける、
何もしない

4.47
食事や
軽食一般

4.54
年長の子ども
の世話全般

4.55
おしゃべり、
電話、メール

4.66
ウォーキング

3.93
子どもの
世話一般

3.99
パソコンを
使う

4.02
娯楽その他に
関連した外出

4.03
日用品の
買い出し

4.22
ボランティア
活動全般

3.46
手書きで
ものを書く

3.47
内職

3.50
家の補修、
乗り物の
手入れ

3.67
医療サー
ビスを利
用する

3.72
掃除

CHAPTER 10

コペンハーゲンを
めぐる
「のんびり旅」

「何もしない」がいちばんのぜいたく

　もし、いつかコペンハーゲンを訪れる機会があれば、このCHAP-TERでご紹介するヒュッゲな場所を訪れてみてください。

ニューハウン（NYHAVN）

　ニューハウンとは「新しい港」という意味。

　かつて、ここは危険な場所で、荒くれ者の船乗りが集まり、売春宿があふれる街でしたが、今ではレストランが立ち並び、ニシンの酢漬けやシュナップス（蒸留酒）を楽しむことができます。

　もっと気軽に過ごしたい人には、天気のいい日に地元の人のようにお店でビールを買い、防波堤に座って街の喧騒をながめながら飲むのがおすすめです。

ラ・グラース（LA GLACE）

　人気のケーキ屋さんで、クリームの渦（うず）に飛びこみましょう！

　覚えていますか？　ケーキはヒュッゲに欠かせない要素だということを。

　ケーキを求める「巡礼の道」があるならば、その終着点＝サンティアゴ・デ・コンポステーラ大聖堂に相当するのが「ラ・グラース」。

　ラ・グラースは創業1870年、デンマーク最古のケーキ屋さんです。

チボリ公園

　1843年開園のチボリ公園はコペンハーゲンの歴史あるテーマパーク。住民の多くは年間パスポートを持っています。

　夏に訪れる人が多いのですが、ヒュッゲを味わうのにいちばんよいのは、何といってもクリスマスや大みそか。公園が華やかに飾られる季節です（通常11月中旬から1月まで）。

　この時期はまさにイルミネーションの祭典。数十万個の電球がチボリ公園を照らし出し、冬の暗闇に浮かぶ幻想的な場所へと変化します。

　たき火のそばでグルッグ（90ページ参照）を味わったり、公園の入口脇にある「ニム（Nimb）」というバーの暖炉のそばで体を温めるのがおすすめです。

クリスチャンスハウン（CHRISTIANSHAVN）のボート

　クリスチャンスハウンはコペンハーゲンの街の中心部に位置し、海へとつながる運河によって、ほかの地区と隔てられています。そこにはまるで、オランダのアムステルダムを思わせるような風景が広がっています。

　この街を存分に味わうには、手こぎボートを借りて運河をめぐるのがいちばんです。ブランケットとワイン、ピクニックバスケットをお忘れなく。

グロブレドル広場（Gråbrødre torv）

　1238年設立のグロブレドル修道院にちなんで名づけられた広場（グロブレドルとは「灰色の兄弟」の意味）。周囲を古い家々に囲まれているため、何世紀も前にタイムスリップした気分になれます。

　また、グロブレドル広場には居心地のいいレストランがたくさん。たとえば「ペダー・オックス（Peder Oxe）」では、伝統的なデンマークのスモーブロー（208ページ参照）を食べながら、暖炉にあたることができます。

　暖炉のあるヘアサロンもあるんですよ。そこにはフレンチ・ブルドッグがいて、ヘアカットをしてもらっている間、ひざの上で幸せそうに昼寝をしてくれることも。最高のヒュッゲですね！

　運がよければ、広場で豚の丸焼きをしているところに遭遇できるかもしれません。

ヴェアネダムスヴァイ通り（Værnedamsvej）

　車が自転車や歩行者の間を縫うようにして走らなければならないほど小さな通り。でも、いつも買い物客でにぎわっています。

　この通りに入ると、足を止めて、花とコーヒーの香りを胸いっぱいに吸いこみたくなります。花屋さんにカフェ、ワインバー、インテリアデザインショップが軒を連ね、気ままにヒュッゲな午後を過ごすのにぴったりです。

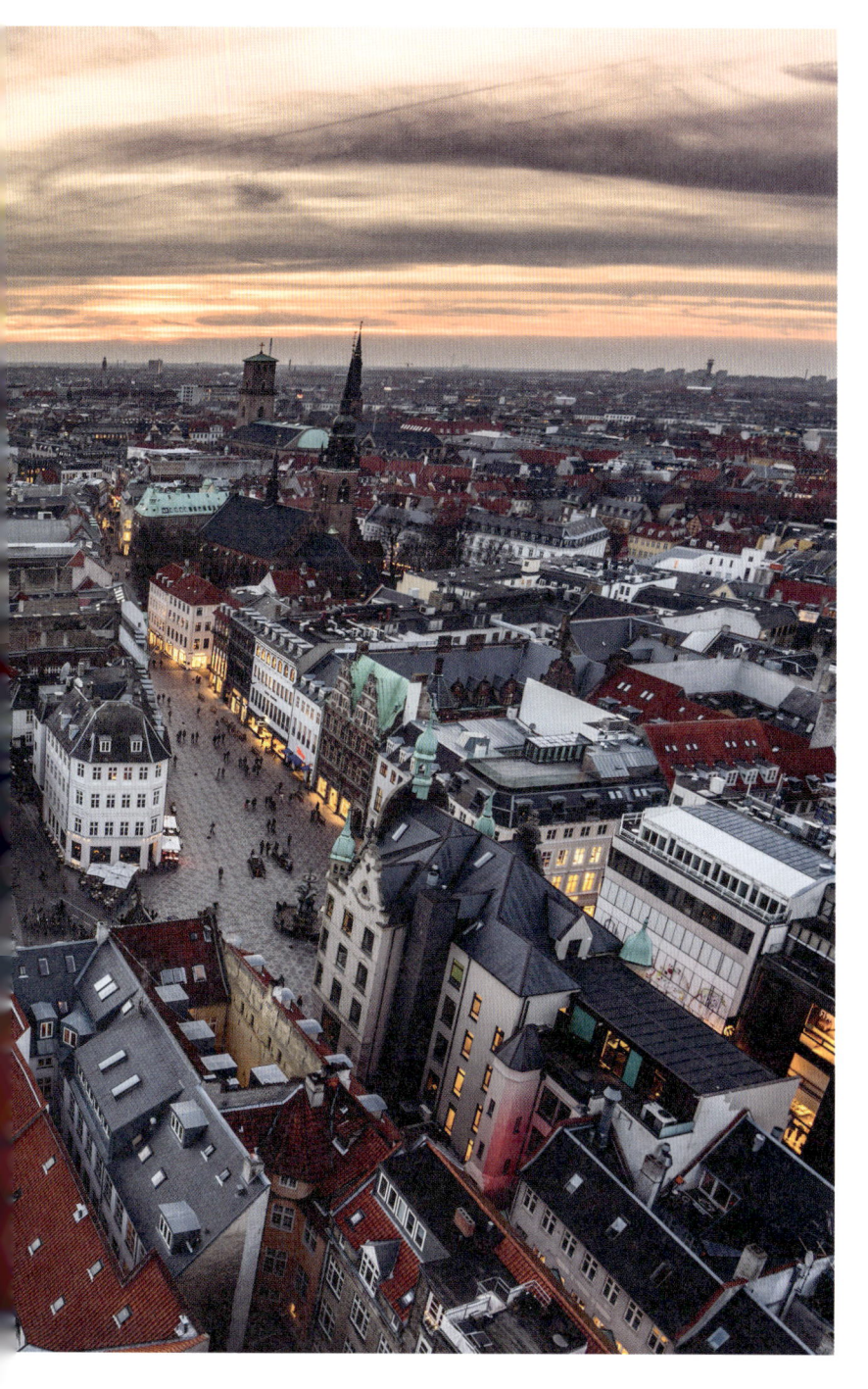

スモーブローが食べられる場所

「広がったパン」という意味のスモーブロー（smørrebrød）は、ライ麦パンのオープンサンドイッチ。デンマーク人はライ麦パンの大ファンで、海外で生活していると最初に恋しくなるもののひとつです。

　ところが、デンマークに住む外国人には「悪魔のサンダル」と酷評されることがあります。いわく、「おいしくないし、硬くてかみにくい」と。ともあれスモーブローは、国民的な昼ごはんの定番といえるでしょう。

　トッピングの種類は、ニシンから生の牛肉、卵、シーフードなど、無限大。「獣医の夜食」など、いろいろとユニークな名前がつけられています。お供はたいていビールかシュナップス（北欧でよく飲まれている蒸留酒）。

　コペンハーゲンには伝統的なスモーブローを食べられる場所がたくさんあるので、お気に入りの場所をぜひ見つけてください。

ライブラリー・バー

　コペンハーゲン中央駅近くのプラザホテルには、1914年創業の「ライブラリー・バー」があります。バーのソファーや木製のパネル、革装本のインテリアは、ヒュッゲな照明にほのかに照らされ、その美しさは一見の価値があります。

　ときどきライブも開催されていますが、ライブのない静かな夜は、深い会話を楽しむのにふさわしい場所です。

　クリスマス期間中に訪れたら、天井から逆さまに吊り下げられたクリスマスツリーを見ることができますよ。

CHAPTER 11

ときめきがやってくる
クリスマス

1年でいちばん楽しい季節

世界中の多くの人にとって、もちろんデンマーク人にとっても、クリスマスは特別な時間です。さまざまな国の人に「クリスマスを一語で表現してみて」と聞けば、「幸せ」「楽しい」「あたたかい」「神聖な」といった言葉をあげるでしょう。

デンマーク人もこうした言葉の大部分に賛成するでしょうが、「だけど」と異議も唱えるはずです。「いちばん大事な言葉が抜けている。ヒュッゲを忘れているよ！」と。

デンマークの12月は、昼がとても短く、太陽がチラっとでも見えればラッキーと感じるほどです。

職場への行き帰りに、冷たく湿った、真っ暗闇の中で自転車をこいでいると、「いったいデンマークの何がいいんだろう」と疑問を感じることすらあります。

確かにデンマークは、マイナス30度まで冷えこむことはありませんし、ハリケーンや津波の被害に苦しむこともありません。

ですが、ここに住んでいると、どうしてもぼやきたくなります——お天気の神様はデンマークがお気に召さないらしい。だから僕たちをみじめで不愉快な気持ちにさせたいのだ、と。

少なくとも、このひと月はそんな季節なのです。

　ところが、この12月がデンマークでもっともヒュッゲな月だといわれます。

　デンマーク人は、天候や自然の摂理に自分の気持ちまで支配されてなるものか、と思っています。ですから、冬眠モードで冬をやりすごす代わりに（寒くてじめじめした12月の朝は冬眠がじつに魅力的に思えますが）、悪条件に負けず、うまく対処していこうと決めたのです。

12月はヒュッゲすることが目的になる月。まる１カ月かけて、みんなでそのゴールを目指します。クリスマスに向けてヒュッゲというゴールを決められなければ、そこにいたるまでの努力がすべて水の泡。

　焼き栗、暖炉、ごちそうが並んだテーブルを囲む友人や家族、赤や緑や金色の飾り、クリスマスツリーからただようモミのさわやかな香り、だれもが知っている讃美歌、去年とまったく同じ、いや、毎年同じ年の瀬のテレビ番組……。

　これはほとんど世界中で見られる、一般的なクリスマスのイメージです。人々はワム！の名曲『ラスト・クリスマス』を口ずさみます。そして、みんな『クリスマス・キャロル』がどんな話か知っています。デンマークも例外ではありません。

　デンマークのクリスマスは、その点においてドイツやフランス、イギリスなどのクリスマスと、さほどちがうわけではありません。

　しかし、ある一点において大きなちがいがあります。それは、デンマークのクリスマスはヒュッゲという観点から計画され、実行され、評価されるということです。1年の中で、デンマーク人がこれほどヒュッゲを口にする時期はありません。それはもう、あらゆる機会をとらえてヒュッゲの話になります。

　なにしろ、デンマーク語には「クリスマスヒュッゲ（julehygge＝ユールヒュッゲ）」という言葉があるくらい。この複合語は形容詞であり、動詞でもあり、「ユールヒュッゲしにこない？」というふうにも使われます。

　これから数ページにわたって、完璧なデンマーク流クリスマスのコツをお話ししていきます。

　きっと多くのデンマーク人が「そうそう、わが家のクリスマスも同じです！」と認めてくれると思います。

家族と友人に囲まれて

デンマークでは、毎年12月の後半が帰省ラッシュ。コペンハーゲンに住む地方出身者は、荷物をまとめ、山のようなプレゼントを抱えて、故郷を目指して列車に乗りこみます。

ヒュッゲなクリスマスは家族や友人と共に始まり、共に終わります。

一緒にいると安心できる人、居心地がよくなる相手、それが家族や友人です。人間関係は心の健康や幸福度を知るいちばんの指標であると、ここまでにも述べてきました。

ところが、日々の暮らしの中で、大切な人たちと過ごす機会が少ないと感じることはよくあります。

クリスマスはその埋め合わせをするチャンスです。おいしいごちそうをずらりと並べたテーブルをみんなで囲み、お互いが共にあることを楽しみましょう。

クリスマスがさかんな国では、毎年、同じ光景がくり広げられます。デンマークの場合はこうです——だれかが「とってもヒュッゲだね」と言ってくれるのを待って、みんながホッと安堵のため息をつく。その瞬間、その場にいるみんなが「ああ、これでクリスマスが来た」「これぞ、あるべきヒュッゲだなあ」と、しみじみ感じるのです。

ただし、単に家族と一緒に過ごすだけでは不十分。クリスマス休暇中は多くの人が家族や友人と顔を合わせますが、この時期ならではの要素が加わると、さらにヒュッゲはパワーアップするのです。

では、どんなことが「クリスマス限定」なのでしょうか？

長く伝えられるもの

食べ物

クリスマスならではの儀式や伝統を忠実に守らないと、ヒュッゲなクリスマスにはなりません。デンマークの「真にヒュッゲなクリスマス」には、適切な飾りつけ、食べ物、行動が必要なのです。

まずは食べ物。こってりしたデンマーク料理です。

ちまたには、ありとあらゆるダイエット法があふれています。肉食ダイエット、カロリー制限、水だけのダイエット、野菜ダイエットなどなど。

でもデンマークのクリスマス料理は、そんなことおかまいなしです。

クリスマスメニューの主役はなんといってもお肉。ふつうはローストポークか鴨肉ですが、両方食べることも少なくありません。

肉のつけ合わせは、ゆでたジャガイモにカラメルソースをたっぷりからめたもの、甘酸っぱい赤キャベツの煮込み、グレービーソース、ミニキュウリのピクルスです。キャベツのクリーム煮や、ソーセージ、さまざまタイプのパンを食べる家庭もあります。

ごちそうを締めくくるのは、じつにデンマークらしい創意に富んだデザート——リスアラマンデ（risalamande）です。フランス語のリス・ア・ラマンド（ris à l'amande、アーモンド風味ごはんの意）から生まれた言葉なので、どこか高級感がありますね。

リスアラマンデはホイップクリームとごはんでつくるライスプディング。細かく刻んだアーモンドを混ぜ、熱々のチェリーソースをかけていただきます。

リスアラマンデはおいしいだけでなく、ちょっとした「遊び」のツールになります。

まずは「しかけ」から。調理中に、刻んでいない丸ごとのアーモンドを1粒だけ、生地の中へこっそり忍ばせます。

リスアラマンデをよそった器が配られると、部屋はシーンと静まりかえり、目だけきょろきょろさせて、まわりの顔色をうかがいます。

「アーモンドはだれのところに行った？」

というのも、アーモンドが入っていた幸運な人はプレゼントがもらえるからです。

みんなが突然ガヤガヤしはじめます。

「アーモンド、あなたのところでしょう？」

「かくしてもバレてるわよ！ 去年もそうだったじゃない？」

アーモンドが入っていた人は、みんなに気づかれないように、ほかの人たちが食べ終えるのをそしらぬ顔で待つわけです。

クリスマス時期は、デザートを食べるという行為すら、みんなで楽しめるヒュッゲな遊びに変わります。

みなさんもデンマークに遊びに来るときは、ぜひチャレンジしてください。

残念なことに、こんなふうにリスアラマンデを食べるのは年に一度だけです。

飾りつけ

　デンマークのクリスマスの飾りつけは、食べ物以上にバラエティ豊かです。各家庭に、両親や祖父母から受けついだ独自の飾りつけがあるからです。

　なかでも、ニッセ（妖精や大地の精）や動物、サンタクロースの像、小さなキリスト降誕図を飾る家庭が多いでしょう。光沢紙を円錐形にして中にお菓子を入れたり、ハート型に編みこんだ飾りも定番です。

　ハートの編み飾りは、デンマーク以外ではほとんど見かけません。考案したのは、あの童話作家、アンデルセンだといわれています。アンデルセンは切り紙の名人だったんですね。

　2枚の光沢紙でつくるハートの編み飾りには、さまざまな色のものがあり、ハートだけでなく形もいろいろ。簡単なものであれば、デンマーク人ならだれでもつくれます（つくり方は231ページ参照）。

　そして、定番中の定番がキャンドルです。12月のデンマークは家で過ごす時間帯に日がさすことは一切ありませんから、照明は欠かせません。

　そして、デンマーク特有のクリスマスキャンドルと言えばアドベントキャンドルです（223ページの写真参照）。

　このキャンドルには、物差しのように12月1日から24日までの数字がプリントされていて、毎日ひと目盛りずつ燃やしていきます。

　アドベントキャンドルは、ひとりのときにともすものではありません。むしろ、朝のあわただしい時間や、家族そろって食卓を囲む夕方にともすのが一般的。アドベントキャンドルはまさに家族の中心、自然と家族が集まる場所、時間をほんのり照らすのです。

待ちに待った日までの
カウントダウン

クリスマスまでのカウントダウンを楽しむ方法は、アドベントキャンドルだけではありません。デンマークの子どもたちには、アドベントカレンダーという楽しみもあります。毎日暦をめくるたびに、クリスマスのシンボルやモチーフがあらわれるカレンダーです。

さらには、木や厚紙の小箱をずらりと並べたぜいたくなカレンダーもあります。小箱の中には、クリスマスツリーにつける玉飾りやお菓子が入っています。

プレゼントカレンダーを用意する家庭もあります。日ごとに小さな袋や小箱がつけられていて、中にはちょっとしたお菓子やおもちゃが入っているもの。子どもたちはクリスマスまで毎日、ワクワクして過ごすことができます。そして当日には、もっとすごいプレゼントが待っているはず！

また、ユニークな習慣にテレビカレンダーというものもあります。これはテレビ局が制作している子ども向けの番組で、24話完結のストーリー仕立て。

毎年ほとんどのテレビ局が、独自のユールカレンダー（クリスマスカレンダー）番組を制作します。番組はたいてい、クリスマスに関連したエピソードで、12月24日にドラマの山場を迎えます。大人たちが最後の準備に追われている時間帯ですね。

このクリスマス番組にたびたび登場する妖精のロンテは、いつも「ヒュッゲハロー（Hyggehejsa＝ヒュッゲハイサ）」とあいさつします。

毎年、新しいテレビカレンダーが制作されますが、古い番組も必ず再放送されます。子どもたちが番組を楽しんでいるとき、大人もチラチラ画面をのぞいてはニッコリします。自分が子どものころを思い出し、なつかしい気分になれますね。

今までお話ししてきたことは、すべてヒュッゲらしいカウントダウンですが、「伝統だからこそ大事」という面も。ヒュッゲにとっても、伝統は大きな意味を持ちます。

　伝統とは、これまで家族や友人と過ごしたすばらしい時間をつなぎ合わせ、積み重ねて、人生をつくっていくことでしょう。

がんばらなくて、いいんだよ

あまりにもクリスマスの準備に気合いが入りすぎると、ちょっと息切れしてきませんか？ その気持ちはよくわかります。ここで説明してきたクリスマスへのカウントダウンは、どれもデンマーク人にとって「クリスマスをヒュッゲなものにしなくては」というプレッシャーの原因になっています。

ヒュッゲなクリスマスを迎えるためのさまざまな準備は、ストレスになることが多く、ちっともヒュッゲではありません。

これは少し矛盾しているようですが、じつは筋が通っています。

「ヒュッゲ」は「ヒュッゲでない」ものとの対比の中からしか生まれてきません。これはヒュッゲという概念の本質です。

日常生活の中にあるさまざまな「ヒュッゲでない」ことをくぐり抜けたあとに得られるのがヒュッゲなのです。

人生はストレスだらけに思えるかもしれません。不安で、不公平で、お金や名誉に振り回されているように思うことも多いでしょう。でもヒュッゲな瞬間は、そんな世俗的な問題とは無縁でいられます。

この本のはじめのほうで、ある友人が山小屋でつぶやいた言葉を紹介しましたね。覚えていますか？

「外で嵐が吹き荒れてたら、もっとヒュッゲじゃない？」

これがヒュッゲの重要なポイントです。その場の状況と外の厳しい現実との差が大きければ大きいほど、ヒュッゲの価値は高まると言っても過言ではありません。

そんなわけで、準備で大わらわになってこそ、ヒュッゲなクリスマスが迎えられるのです。準備に費やしたお金や時間、ストレスや労働といったものと引きかえに、ようやく得られるもの。

12月中、クリスマスの集まりに向けて友人や家族が懸命に努力し、仕事やお金や日々の雑務をみんな二の次にしてきた。それを認識するのがヒュッゲの意義です。

ところが、そんなクリスマスを台なしにしかねない要注意ポイントがあります。それは「プレゼント交換」。

プレゼント交換は、ときに社会的地位の差を浮きぼりにします。

過分なプレゼントをもらうと、くれた人に借りができたように思いますし、豪華すぎるプレゼントをあげると、自分のほうが立場が上だと言っているみたいで、気が引けます。それに、ヒュッゲな場で財力を誇示しても煙たがられるだけです。

デンマークのヒュッゲは平等なものです。中心となるのは人と人とのつながりや地域社会であり、自分に注目を集めようとする場ではありません。優越感を覚える人や、逆に疎外感を覚える人がいると、そこにヒュッゲは生まれてきません。

ですから最高のクリスマスとは、ここまでお話ししてきたことすべてが守られているクリスマスであり、プレゼントを渡す側と受け取る側が上手にバランスを取って気づかいを発揮したクリスマスなのです。

ありがたいことに、プレゼント交換が終わってしまえば、あとはゆっくりリラックスして食事を楽しむヒュッゲな時間が待っていますよ。

エーブルスキーヴァー

（ÆBLESKIVER）

クリスマス休暇に食べるデンマークの伝統的なおやつがエーブルスキーヴァー。デンマーク流のパンケーキです。一緒にグルッグ（90ページ参照）をテーブルに出すのもお忘れなく。エーブルスキーヴァーをつくるには「エーブルスキーヴァーパン」という専用の鉄板が必要ですが、インターネットで入手可能。

4〜6人分／調理時間＝１時間

〔材料〕
卵……3個
牛乳……450cc
小麦粉……250グラム
砂糖……大さじ１
塩……小さじ1/4
重曹……小さじ1/2
溶かしたバター……大さじ3
粉砂糖……適宜
ジャム……適宜

〔つくり方〕
1　卵の黄身、牛乳、小麦粉、砂糖、塩、重曹をボウルに入れて、よく混ぜる。ボウルにラップをかけて、生地を30分寝かせる。
2　卵の白身を固くなるまでしっかり泡立てる。1の生地がふくらんできたら、泡立てた白身を生地にふわりと混ぜこむ。
3　エーブルスキーヴァーパンを熱し、バターを少しずつ穴に入れて、生地を穴に流し入れていく。入れる量は穴の4分の3くらいまで。中火で焼きながらまめに生地をひっくり返して、均等に焼けるようにする。1回目の返しは、底がきつね色になり、上の面がまだ固まっていない状態になってから。焼き串などを使ってひっくり返す。焼き上がりの目安は5、6分。
4　熱々のエーブルスキーヴァーに、粉砂糖やお気に入りのジャムを添えてでき上がり。

クリスマスのハート

ハートをクリスマスツリーに飾るのは、古くから続くデンマークの伝統です。

起源はよくわかっていませんが、最古のハートとして知られているのは、1860年にアンデルセンがつくったもので、今も博物館に保管されています。

20世紀に入ると、多くの人がクリスマスのハートをつくるようになりました。おそらく、子どもにつくらせると、指先が器用になると考えられていたからでしょう。

今も子どものいる家庭では、12月の日曜日の午後に、のんびりクリスマスハートをつくります。

ハートの編み飾りのつくり方

用意するもの：ちがう色の光沢紙2枚（ここでは赤と青を使用）、
ハサミ、鉛筆、それに少しの忍耐

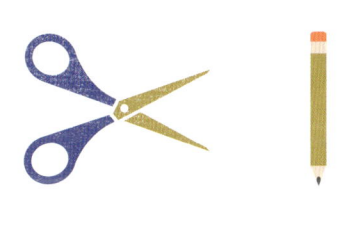

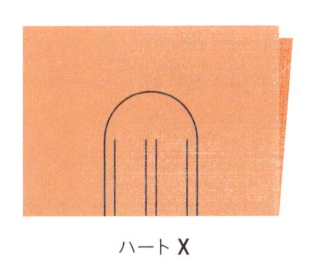
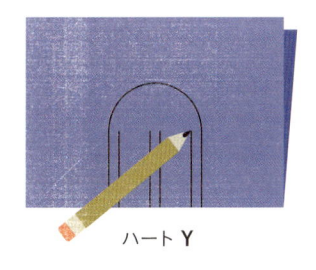

ハート X　　　　　　　　ハート Y

ステップ1

　色つきの光沢紙を半分に折ります。色が片面しかついていない紙を
使う場合は、色つきの面が表になるようにします。赤いほうをハート
X、青いほうはハートYとします。

　折った紙の表面にU字型の線を描き、Uの中に4本の線を描き入
れます。U字の直線部の端が紙の折り目のところへ来るようにしてく
ださい。

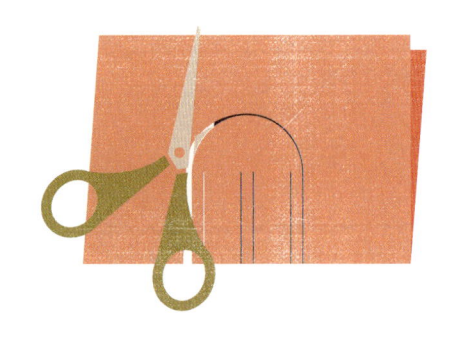
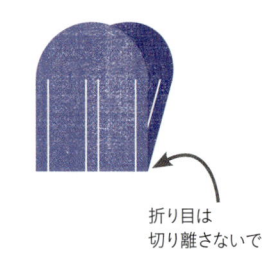

折り目は
切り離さないで

ステップ 2

U 字型の線に沿って紙を切り抜き、4 本の線にも切れ目を入れます。これでハート X とハート Y の切り抜きができました。どちらの切り抜きも二重になっていて、ひだが 5 本ずつあります。

ハート **X**　　　　ハート **Y**

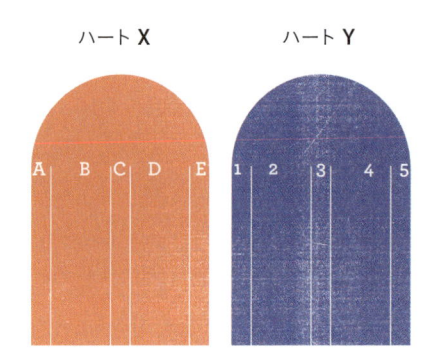

ステップ 3

ハート X とハート Y のひだを編みこんでいきます。編みこみ方は 2 種類しかありません。一方を他方のひだの中に通すか、もしくは、もう一方のひだが中を通っているか、そのどちらかです。隣り合ったひだが交互に行ったり来たりするので、一方が隣のひだを通り抜けたら、今度は隣のひだを逆にして、互いちがいになるように通していきましょう。

　まずハート Y のひだ 1 をハート X のひだ E の中に通し、つぎにひだ D をひだ 1 の中に通します。ひだ 1 をひだ C の中に通し、ひだ B をひだ 1 の中に、ひだ 1 はひだ A の中に通します。

　今度はひだ 2 で同じことをしますが、1 のときとは逆に、ひだ E をひだ 2 に通すところから始まります。

　ひだ 3 はひだ 1 と同じやり方で、ひだ 4 はひだ 2 と同じ、ひだ 5 は 1 と 3 と同じになります。

　ひだ 5 をひだ A に通せば、ハートが完成。

　これであなたも立派なデンマーク人！

CHAPTER 12

太陽を200％
満喫する

鼻先をくすぐるにおい
……夏がやってきた！

キャンドルや暖炉はおすすめできませんが、もちろん夏もヒュッゲな季節！ 夏と言えばやはり、刈りたての芝生のにおい、日焼けした肌、日焼け止めクリーム、海の香りですね。

ここまでのCHAPTERで、ヒュッゲは秋や冬にぴったりだと説明してきました。しかし、もちろん夏でもヒュッゲは可能です！

木かげで本を読む、長い夏の夜を楽しむ、友人とバーベキューを囲んで立ち話をする……いくらでも方法はあります。秋や冬とは少し形が変わるだけですね。

寒い秋と冬のヒュッゲでは、太陽やぬくもりを取り入れる必要がありますが、夏にその必要はありません。ただ、一体感とおいしい食べ物を土台にする点は同じです。

それでは、夏のヒュッゲにおすすめの５つの方法を紹介していきましょう。

 果樹園でフルーツ狩りをする

　年に１回、私は友人と一緒にデンマーク南部の小さな島、ファユ島を訪れます。ここはリンゴの産地として知られており、リンゴとプラムの木が延々と立ち並んでいます。

　夏の終わりに訪れるとプラムが食べごろで、フィリッパ・アップル（デンマークでさかんに生産されているリンゴの一種）も収穫の時期を迎えていることでしょう。

　果樹園でヒュッゲな１日を過ごすほかに、もう１日、おまけのヒュッゲが待っています。自分で摘んだフルーツをジャムにしたり、保存用に調理してみましょう。

　今年はリンゴ酒づくりに挑戦してみるつもりです。178ページで紹介した「保存食パーティー」のきっかけになるかもしれませんね。

　フルーツ狩りを楽しめる農場は、デンマークだけでなく、世界中のあちこちにありますよ。

② 家族や友だちとバーベキューをする

　バーベキューは、世界各地で行なわれているヒュッゲの大定番。

　友だちや家族と集まり、一緒に準備をして、バーベキューに火をつけましょう。
　火がちょうどよい温度に落ち着くまでの間、クリケットやクップをして遊ぶこともあります。クップとはヴァイキングたちが生み出したゲームで、棒を投げて相手チームの棒を倒す遊びです（242〜243ページの写真で、その様子がわかります）。

③ コミュニティー農園に参加する

　最近は、地域の公的機関などが運営するコミュニティー農園が増えています。少額の利用料を払えば、だれでも気軽に農作物を育てることができるのです。

　夏になると、コミュニティー農園があちらこちらにあらわれますが、それもそのはず。都会の真ん中であっても、ヒュッゲな雰囲気をつくり出すのに、うってつけの方法だからです。

　トマトの世話をする手を休めて、農園仲間とコーヒーを飲みながらおしゃべり。コミュニティー農園は地域の人々を結びつけ、地域への愛情を育むことができます。

　私が運営するハピネス・リサーチ研究所は以前、コペンハーゲン郊外のある都市から委託されて、コミュニティーでの孤立や孤独を減らす方策を考えるプロジェクトに参加しました。そのとき提案したもののひとつが、このコミュニティー農園です。

　これはなかなかいいアイデアだと思ったので、自分たちも実際につくってみました。

　オフィスの目の前の教会に、花壇を20個ほどつくるスペースがありました。そこへ土を7トンも運びこみ、日曜日の午後を使って花壇づくりにはげみました。

　もちろんひと仕事終えたあとは、ヒュッゲの仕上げとして、バーベキューで1日を締めくくりましたよ。

④ ビーチでピクニックをする

夏は、近くの農産物直売所に足を運んで、イチゴやチェリー、スイカなどを買い物かごいっぱいに買いたくなる時期です。

さらにパンとチーズをお供にすれば、お出かけ準備は万端。友だちみんなに声をかけたり、特別な人にだけ声をかけたりして、海辺で過ごす場所を見つけましょう。
これが夏の間ずっと楽しめるヒュッゲな遊びです。

ただ会話を楽しみ、本を読み、するべきことが何もない解放感を味わうだけで、1日がすぐに終わってしまいますよ。

⑤ カーゴバイクに乗る

　自分の住む街や近所のことを知りたいと思ったら、やはり自転車でまわるのがいちばんの方法でしょう。コペンハーゲンっ子の私は、少し自転車に肩入れしすぎかもしれませんが。

　もし、幸運にもカーゴバイク（荷台つき自転車）を持っている知り合いがいれば1日だけ借りてサイクリングに行きましょう。
　カーゴバイクの荷台に乗せるのは子どもでもいいし、パートナーでも、親友でも、両親でも、犬でもOKです（多くても2人までにとどめておきましょう）。
　もちろん徒歩でも車でもかまいませんが、カーゴバイクならよりヒュッゲが楽しめます。

　サイクリングのお供は、枕や毛布、おつまみ、音楽、本……。なんでもかまいません。自分の遊び心をくすぐるものを持っていきましょう。
　これが夏の午後を過ごす最高の方法ですが、とびきり温かい毛布と着心地のよいセーターで防寒すれば、サイクリングは年中楽しめます。

　実際、すてきなスウェーデン人女性を乗せて、コペンハーゲンのクリスマス・イルミネーションをめぐり、なんとか口説こうとしたことがあります。このときは残念ながら失敗に終わりました。
　「季節がちょっとね……」（どんな言語に訳しても「あなたにあまり興味がないの」という意味ですよね）と言われましたが、ふられたのは、このデートが「ヒュッゲでなかったから」ではないはず……。

自転車に乗ってどこまでも

デンマークと言えば、ヒュッゲやアンデルセン、レゴやデンマーク・デザインが有名ですが、自転車大国としてもよく知られています。

デンマークは標高がいちばん高いところでも海抜200メートル以下。しかも都市のインフラが自転車向けに整備されているとなると、自転車が活躍するのは当然でしょう（自動車税が150〜180パーセントと非常に高額なことも、ひと役買っていると思いますが……）。

コペンハーゲンでは、住民の45パーセントが自転車で職場や学校に通っています。郊外から通勤する人も、約3分の1が通勤手段として自転車を選んでいます。サイクリングは運動になるし、環境にも（お財布にも）やさしいと、多くの人がわかっているからでしょう。

しかし、コペンハーゲンの人が自転車に乗る理由は、これだけではありません。手軽で便利だからです。自転車は、短い距離を移動するのに、いちばん速い交通手段なのです。

ですがもうひとつ、見落とされがちな利点があります。それは「自転車に乗っていると、より幸福度が増す」ということです。

イギリスのイースト・アングリア大学とヨーク大学が、2014年に大規模な研究調査を行ないました。18歳以上の通勤者約1万8,000人を対象としたもので、調査の結果、「自転車で通勤している人は自動車や公共交通機関で通勤している人よりも幸せである」ということがわかりました。

幸せである原因が自転車にあるとは言い切れないのでは？ と思う人もいるでしょう。また、因果関係が逆の可能性もあります。幸せになればなるほど、自転車に乗りたくなるのではないか？ と。もちろ

んその可能性もありますね。

　そこで、この調査をした研究者たちが結果を分析したところ、ずっと自動車やバス通勤だった人が通勤手段を自転車や徒歩に変更すると、より幸せを感じていることがわかりました。

　さらに証拠を上げてみましょう。カナダのマギル大学による別の研究結果でも、自転車通勤の人は、たとえ通勤時間が長くなったとしても、通勤の満足度がいちばん高いと出ました。

　まだ信じられないというのなら、オランダ（ここも自転車好きの国です）のユトレヒト大学の研究を見てみましょう。この研究では、毎日の通勤手段を車から自転車に変えると寿命が3カ月から14カ月ほど延びる、ということが判明しました。

　また、デンマークの研究ではこういう結果が出ています。想像にかたくないことですが、自転車で通学している子どもは、自動車で送ってもらう子どもよりも明らかに健康なことがわかったのです。

ひょっとしたら、こういう反論もあるでしょう。
　「自転車に乗ると健康になるし、幸せになれることはわかった。しかし、だから何だと言いたいのか？」
　そうですね。こう考える人は、私がつぎに話そうとしている内容にも納得できないかもしれませんが、ひとまずこう申し上げておきます。

　自転車に乗れば、私たちみんなの利益になります。コミュニティー全体にとってよいことなのです。

　2012年、2万1,000人を対象にしたスウェーデンの研究では、車で移動する人は社会のイベントや家族の集まりに参加する割合が低いことが判明しました。さらに、あまり人を信用しない傾向もみられます。
　それに対して、目的地へ徒歩や自転車で行くことにしている人は、社会のイベントに参加する割合が高く、比較的他人を信じやすい傾向にあります。

　だからと言って、車をやめて自転車に乗りかえれば、すべて解決というわけではありません。そもそも人間関係の問題を生み出している要因として、この研究を支持する研究者は「通勤距離の増加」をあげています。

　労働市場がより柔軟になり、情報を手に入れやすくなると、遠い土地で仕事を見つけることができるようになります。そうすると、社会のネットワークが地理的にずっと広がり、近所の人とのつながりやかかわりが減っていきます。つまり、長距離通勤をするように都市がつくられていると、その都市の社会的な健全さがそこなわれてしまうのです。

　もし、あなたの住む街に自転車で通勤する人が多いようなら、それは健全な地域に住んでいるといえるでしょう。地域の人と一体感や信頼感をつくりたいのなら、都市計画を立てるときに、このことを真剣に考える必要があります。

CHAPTER 13

五感で味わう

感覚を研ぎ澄ましてヒュッゲを感じてみて。ヒュッゲには味があり、音があり、においがあり、手ざわりがあります。やがて、どこにでもヒュッゲを感じることができるようになるでしょう。

甘い誘惑

味覚はヒュッゲの重要な要素です。食事の時間はヒュッゲのチャンス。口に入れるものは、斬新すぎてもダメ、代替食品のようなもの（合成されたものなど）もダメ、身がまえるようなものもダメです。

ヒュッゲな味といえば、なじみのある、甘くて安心できるものが定番。

紅茶をもっとヒュッゲにしたければ、はちみつをたらして。
ケーキをもっとヒュッゲにしたければ、粉砂糖をかけて。

手づくりのシチューをもっとヒュッゲにしたければ、ちょっとだけワインを加えてみましょう。

ヒュッゲの音

　薪（まき）が燃えて小さな火の粉が舞い、さかんにパチパチとはぜる音がする——おそらく、これがデンマーク人にとっていちばんヒュッゲな音でしょう。貸家住まいで、むやみに火を使えないという人も、心配はいりません。

　ヒュッゲのためには、まず静寂が必要です。

　静かな空間にいると、かすかな音を聞くことができます——屋根を打つ雨音、窓の外の風音、風に吹かれて木が揺れ動く音、歩くと床板がきしむ音。絵を描いたり、料理をしたり、編み物をしたり。そんな音もヒュッゲになりえます。

　安全な環境の中で聞こえる音は、ヒュッゲのサウンドトラックです。たとえば雷の音も、安全な家の中にいれば、とてもヒュッゲな音になるでしょう。外にいたら、それどころではありません。

なつかしいにおい

においをかいだ瞬間、安心できる時間や場所に戻ったような感覚を覚えたことはないでしょうか。もしくは、においをかいだとたん、何かを思い出したり、フラッシュバックのように、子どものときに見た風景がそのまま目の前に広がった経験はないでしょうか。

あるもののにおいをかぐことで、心の奥深くから安心でき、なつかしい気持ちになることはありませんか？ たとえば、パン屋さんからただよってくる香り、子どものころ、庭から運ばれてきたリンゴの木のにおい、実家のなじみのにおい……。

どんなにおいをヒュッゲと感じるかは、人それぞれです。
朝のタバコのにおいに何よりもヒュッゲを感じる人もいれば、吐き気と頭痛をもよおす人もいます。

ヒュッゲなにおいに共通することが、ひとつあります。そのにおいをかぐと、「安全だ」「守られている」と感じられることです。
人間は嗅覚を使って、安全な食べ物かどうかを判断しますが、安全な場所かどうか、注意が必要かどうかも、においによって判断することがあります。

ヒュッゲのにおいは、「警戒心を解いてもいいよ」と知らせるにおいです。
料理のにおい、家で使っている毛布のにおい、安心だと感じられる特定の場所のにおいは、まさにヒュッゲです。

さわり心地も大切に

指で木の製品をなでたとき、陶器のカップのぬくもりにふれたとき、ふかふかの毛皮にふれたとき、ヒュッゲな気分になります。

じっくり時間をかけてつくられたものや、古いもの、手づくりのものは、新しいもの、買ってきたものよりも、いつだってヒュッゲです。

そして、小さなものは大きなものよりもヒュッゲです。アメリカのスローガンが「大きければ大きいほどベター」なら、デンマークのスローガンは「小さければ小さいほどヒュッゲ」になります。

コペンハーゲンでは、ほとんどの建物が3階か4階までしかありません。コンクリートとガラス、鉄骨でつくられた新しい建物もありますが、古い建物のほうがヒュッゲです。

職人が丹精こめてつくったものは、木製品であろうと、陶器であろうと、ウールであろうと、革製品であろうと、どれもがヒュッゲです。ピカピカした金属製品やガラスは、ヒュッゲではありません。ただし、それが年月を経たものであれば、ヒュッゲに近づきます。

素朴で生命を感じられるものや、年月を経たもの、これからも長く使われていくであろうものは、「ヒュッゲなたたずまい」を備えています。

寒い場所で温かいものに包まれている感覚は、単に「温かい」のではなく、むしろ厳しい環境の中で「安心感」を与えてくれるのです。

やわらかい光を感じる

前にも述べたとおり、ヒュッゲは光と強くかかわっています。明るすぎるとヒュッゲではありません。ゆっくり時間をかけることが何よりも必要。

とてもゆっくりとした動きを見ていると、ヒュッゲな気持ちは高まります。

静かに降りつもる雪（32ページで紹介したイヌイット語でいう「アキロコク」ですね）や、暖炉のゆらゆらとした炎など、ゆっくりとした、生命を感じさせる動き、暗くて自然な色は、そこはかとなくヒュッゲです。

煌煌としたあかりに照らされる無機質な病院や、高速道路を疾走する車を見ても、ヒュッゲは感じられません。ヒュッゲは、ほんのり暗くて、素朴でゆったりとしたものなのです。

本当に安心できるものに
囲まれて

ヒュッゲは「安らかに、満ち足りている」という気持ち。一緒にいる人やその場所を信頼している証しです。

ありのままにヒュッゲを感じたら、それこそが喜びです。自分が心地よくいられる範囲を少し広げて、ほかの人を招き入れ、仲間と共に自分らしくいましょう。

あなたが望むだけ、ヒュッゲは味わったり、聞いたり、かいだり、さわったり、見たりできます。けれども、いちばん重要なのはヒュッゲを「感じる」こと。

この本の冒頭で、くまのプーさんの言葉を引用しました——
「つづりなんか、どうでもいいんだよ。ただ感じればいいだけさ」

プーさんの見識は、現代にも通じる真実だと思います。「愛」という字を正しく書けること、そんなことは必要ありません。愛を感じることができればいいのです。これはそのまま、この本の最終的なテーマ——「幸福」にも通じます。

CHAPTER 14

ヒュッゲと幸福

今日、世界の政治家やリーダーたちは、なぜ国によって幸福感に差が出るのか、その理由を知りたがっています。

　そして、自分たちの国が、社会的にどのくらい成熟しているかを測定しようとしています。経済成長の度合いだけでなく、どのくらい生活が向上したかを知りたい、それも生活水準の数字で判断するのではなく、国民の人生のクオリティがどれくらい豊かかを測りたいと考えているのです。

　ここしばらく、国内総生産（GDP）が国の発展を示すいちばんの物差しでしたが、その指標は大きく変わりつつあります。

　じつは、これは目新しい考え方ではありません。アメリカのロバート・ケネディ議員は40年以上も前にこう指摘していました。

> 　国民総生産（GNP）に子どもたちの健康や、教育の質、余暇の楽しさは含まれていない。詩の美しさや、夫婦の絆の強さ、討論から感じられる知性、公務員の誠実さも考慮されていない。つまり、国の富を測るはずのGNPから、私たちの人生を意味あるものにしているすべてが抜け落ちているのだ。

こうした状況を受けて、最近は世界中で幸福度調査への関心が高まり、実施数も増えてきました。そして、これらの調査の多くでデンマークはほとんど毎回、1位に選ばれています。

　「ほぼ年に1回のペースで新たな研究が発表されているが、幸福超大国としてのデンマークの地位は揺らいでいない」と「ニューヨーク・タイムズ」紙が書いたのは2009年のことでした。それ以降、ますます記事どおりの状況になっています。

　国連の委託を受けて行なわれる「世界幸福度調査」は、これまでに4回発表されています。そしてデンマークは、2015年に第3位だったほかは、毎回第1位に選ばれているのです（訳注：2017年度発表ではノルウェーにつぐ第2位。日本は第51位）。しかし、これはほんの一例にすぎません。

　ほかの調査でも明らかに同じことが起きています。経済協力開発機構（OECD）の生活満足度調査やヨーロッパ社会調査（ESS）の幸福度調査でも結果は同じです。イギリスの情報誌「モノクル」は、「世界でもっとも住みやすい街」に何度もコペンハーゲンを選出しています。

　最近では、デンマークで幸福度ランキングがニュースになるのは、首位を逃がしたときだけ。でも、自分の国が世界でいちばん幸福な国だと聞くと、ほとんどのデンマーク人は苦笑いします。

　デンマーク人はよくわかっているのです。神様が天気を分配したとき、デンマークは外れクジを引いたことを。
　じめじめした2月の朝、渋滞で動けずにいるときのデンマーク人の顔は、とても世界一幸福な国民には見えません。

　では、どうしてデンマーク人は、これほど幸せだと言われるのでしょうか。

幸福度調査におけるデンマークの順位

第1位
世界幸福度調査2016

第3位
世界幸福度調査2015

第1位
OECD よりよい暮らし指標—
生活満足度調査2015

第1位
ヨーロッパ社会調査2014

第3位
OECD よりよい暮らし指標—
生活満足度調査2014

第1位
世界幸福度調査2013

第5位
OECD よりよい暮らし指標—
生活満足度調査2013

第1位
世界幸福度調査2012

第1位
ヨーロッパ社会調査2012

なぜ、デンマーク人は幸せなのか？

国際的な調査でデンマークの幸福度が証明されると、当然ながら世界各国から関心が寄せられます。デンマークの幸福度がこれほど高い背景には、どんな理由があるのでしょうか。

私の運営するハピネス・リサーチ研究所は「幸福なデンマーク人――デンマークの幸福度が高い理由を探る」という報告書で、この問いの答えを出そうとしました。

理由はたくさんあります。遺伝子レベルのもの、人とのつながり、健康、収入、仕事、目的意識、自由――さまざまな要素が絡み合って、幸福な国、幸福な国民というのは生まれるのです。

ですが、最大の理由は「社会保障制度」にあります。福祉が行きとどいていることで、国民の不安、心配、ストレスが軽減されているのです。

デンマークは世界でもっとも幸福な国だといえると同時に、「世界でもっとも不幸な人が少ない国」でもあります。福祉国家というしくみは、「極端に不幸な人を減らす」という点ではとても有効です（もちろん完璧とまではいきませんが）。

国民だれもが無料で医療を受けられ、大学教育も無料、失業しても手厚い給付金がもらえるのは、不幸な人を減らすうえで大いに役立っています。

こうした恩恵は、あまり裕福でない階層の人々にとって、とくに重要な意味を持ちます。ほかの先進国に住む貧困層と比べると、少なくとも貧困の泥沼にはまることは回避できるということです。

そのうえ、デンマークは比較的、お互いを疑わない社会です。赤ちゃん連れの親が、カフェの前にベビーカーを置きっぱなしにしてコーヒーを飲むといった光景は、デンマークでないと考えられないでしょう。

　そして、デンマークは非常に自由な気風に富んでいます。「自分の人生は自分の思いどおりにできる」と多くのデンマーク人は感じています。暮らしも豊かで、治安もよく、市民の社会参加も多くの面でうまく機能しています。

　ですが、これだけでは、デンマークとほかの北欧諸国とのちがいは見えてきません。ノルウェー、スウェーデン、フィンランド、アイスランドも同様に、高いレベルの福祉を実現しており、これが幸福度ランキングの上位に北欧諸国がずらりと並ぶ理由になっています。

　デンマークとほかの北欧諸国のちがいを解き明かすキーワードは、「ヒュッゲ」かもしれません。
　ここまでで見てきたように、ヒュッゲと幸福はつながっています。

　では、もう少し具体的に見ていきましょう。

社会のサポートを手厚くする

ここまでで、幸福な国を構成する要素の大部分は説明できたと思います。寛容さ、自由、GDP、治安のよさ、健康寿命といった要因がありました。でも、私たちの幸福にいちばん強い影響をおよぼす要素は「社会的なサポート」です。

社会的なサポートとは何かをひとことで言えば、「困ったときに頼れる人がまわりにいる」ということになるでしょうか。

もちろん話はそれほどシンプルではありません。社会のしくみの本質をもっとていねいに見ていくべきでしょう。

デンマークの幸福度が高い理由のひとつは、仕事と生活のバランス（ワークライフバランス）がうまく取れているおかげで、家族や友人と過ごす時間を十分に持てていることです。

OECDの「よりよい暮らし指標」によると、デンマーク人はほかのOECD加盟国の国民と比べて、自由に使える時間が多いことがわかりました。

ヨーロッパ社会調査で、「穏やかで安らかな気持ちである」時間がもっとも長かったのもデンマーク人です。それも群を抜いていて、フランス人やイギリス人の2倍以上にも達しています。

もちろん、時間の過ごし方や心のあり方は人それぞれですが、ヒュッゲがデンマーク人の人とのかかわり方に大きな影響力を持っていることは確かでしょう。

ヒュッゲが人間関係や幸福に関連していることは、CHAPTER 3でもふれたとおりです。

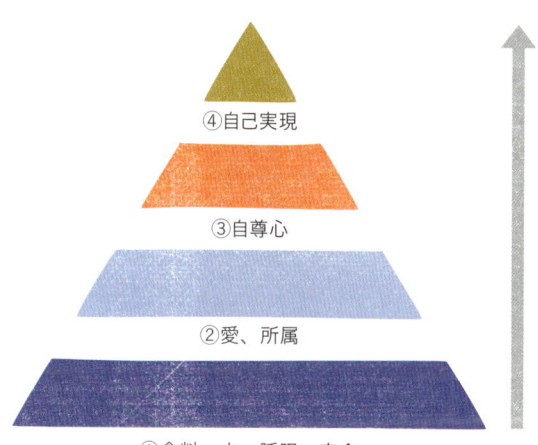

④自己実現

③自尊心

②愛、所属

①食料、水、睡眠、安全

　アメリカの心理学者アブラハム・マズローは、1943年に「欲求段階説」という理論を発表しました（上の図参照）。人間の欲求はピラミッド状になっており、底辺から上に向かって順に欲求を満たしていく、という説です。

　もっとも基本的な欲求は生理的なもので、「食料」「水」「睡眠」、そして「安全」です。つぎに社会的な欲求が来ます。これは愛情や仲間を求める気持ちです。この2種類の欲求が満たされなければ、上位の段階、つまり自尊心を満たし、自己実現を図る段階に進むことはできません。

　今日、幸福の研究者は、「自分は幸せだ」と考えている人に共通する特徴を見いだそうとしています。その中で、幸せな人は例外なく「自分は有意義で前向きな社会とのつながりを持っている」という認識を持つ傾向が見られました。

　人間はいちじるしい肉体的苦痛を感じると、脳の特定の部位が活性化します。そして、社会で孤立したときもほぼ同じ部位が活性化する、という研究結果が出ています。

世界幸福度調査には、「人とのつながりと幸福の関連」を示す証拠が満載されています。幸せを左右するのは、貧富よりも人間関係の質だということは明らかでしょう（ただし、生活もままならないほど非常に貧しい国は別です）。

　世界幸福度調査によると、人とのかかわりでいちばん大切なのは「身近な家族との関係」です。また、友人や職場、地域社会とのつながりももちろんです。

　この因果関係は、逆もまた真なりです。

「幸せを強く感じれば感じるほど、社会との結びつきが好転する」ことを示す研究もあります。幸せだと社交的になるので、今まで築いてきた人間関係の質も向上する、ということでしょう。

　ポジティブな気分になると、今まで以上に社会的な活動に関心を示すようになる、という実験結果もあります。

　世界123カ国を対象にしたある調査でも、前向きな人は社会との良好なつながりをしっかりと築いていることがわかっています。これは、社会・文化のちがいにかかわらず、あらゆる地域に共通すること。

　つまり、ポイントはこうです。幸福度の高い人は、数においても質においても充実した友人関係を持ち、家族との関係も良好です。

　そして、豊かな人間関係は幸福につながると共に、幸福によって豊かな人間関係も生まれます。

　この点において、家族や友人と過ごす時間を何よりも優先し、ゆっくり時間をかけて豊かな人間関係を築くのがデンマーク流であるといえるでしょう。

「ありがとう」の気持ちを育てる

CHAPTER 4「何を食べ、何を飲むか」でふれたように、ヒュッゲとは自分と身近な人たちに特別な楽しみを与えること。おいしい食べ物を仲間と分かち合う、そのシンプルな喜びを味わうことです。

人にココアをいれてあげるとき、ちょっとホイップクリームを添える心づかい。それがヒュッゲです。要するに、私たちをやさしく甘やかしてくれるものが、ヒュッゲなのですね。

「喜びを味わう」ということは「感謝の念を持つ」ということです。何ごとも、ありがたみを忘れて当たり前だと受け取らないことです。

「感謝」とは、何かをしてもらったときに「ありがとう」と言えばいいだけ、といった単純なものではありません。今この時を生きること、それを心に留めてこの瞬間に全力を傾けること、日々の暮らしを大切にして、「自分が持っていないもの」ではなく、「持っているもの」に目を向けることです。

——「そんなこと、もう耳にタコができるほど聞かされているよ」と言いたくなるかもしれません。

でも、もう一度、「今ある自分に感謝の念を持つ」ことの大切さを見直していただきたいのです。その重要性は、科学的な研究でも明らかになっているからです。

カリフォルニア大学ディヴィス校のロバート・A・エモンズ教授は心理学の教授で、「感謝」に関する研究の第一人者です。

　エモンズ教授は、つねに感謝の心を持っている人はそうでない人に比べて幸福なうえ、より人助けをし、寛大で、物質偏重主義に走りにくいと言います。

　エモンズ教授の研究に、1,000人以上と面談して一部の人に「感謝の日記」をつけてもらうという有名な実験があります。被験者は週に1回のペースで、「ありがたい」と思ったことを書き留めていきます。その結果、感謝の気持ちを持つと、心理的、身体的、社会的な効果をおよぼすと判明しました。

　感謝の日記をつけた人々は、以前よりも前向きな気持ちを持つようになり、快眠でき、体調もよくなって、周囲に対して気を配ることが増えたと話しています。

　さらに言うと、感謝の心がある人は、そうでない人よりもトラウマや苦しみから回復するのが早く、状況の変化に対してもストレスを感

じにくいことが明らかになりました。

　あいにく、脳という組織は新しい出来事や環境をすぐに受け入れ、新鮮さは失われてしまいます。それが自分にとって都合のいいものであれば、なおさらです。

　だから、感謝しつづけるには、チャレンジが必要です。新たな対象を見つけていかなければなりませんし、同じ考え方にとらわれてはいけません。

「感謝することで、人はしばし立ち止まって考え、自分が持っているものの価値を理解することができる」とエモンズ教授は言います。

　ヒュッゲの本質はシンプルな喜びを味わうことですから、日々の暮らしに感謝する助けにもなるでしょう。ヒュッゲはその瞬間を思いきり楽しんだり、将来の楽しい計画を立てたり、幸せを保ちつづけたりする手立てにもなります。

　ヒュッゲな時間のために計画を立て、ヒュッゲな時間が終わったあとはその思い出を語り合うわけですね。

　この本のデザインを担当してくれたデザイナーに、「なつかしさもヒュッゲの要素ですよね？」とたずねられたことがありました。最初は気にも留めていませんでしたが、この本を書き進むうちに、「なるほど、そのとおりかもしれない」と思うようになりました。

　なつかしさとは、ヒュッゲな時間を思い出して味わうことです。

　フランスのアルプス山脈が見える部屋でバルコニーや暖炉の前に座って、あるいは子ども時代を過ごした山小屋へ再び足をふみ入れて、私はヒュッゲな時間を思い返し、なつかしさに胸がいっぱいになります。

　ある研究によると、ノスタルジア（郷愁）は前向きな気持ちを引き出し、愛されているという感覚を強め、自尊心を高めるそうです。

　幸福とヒュッゲは、前もって計画することもできれば、記憶に留めてくり返し味わうこともできるということでしょう。

1日1日、一瞬一瞬を前向きに

　幸福を研究する私は、同じ問いの答えを毎日探しつづけています。「なぜ、いつも幸せな人と、そうでない人がいるのか？」

　音楽家が楽譜を見ただけで、頭の中にメロディーが聴こえてくるように、私には、幸せな暮らしがかなでる、心安らぐ音が聴こえてきます。そこでは、喜び、連帯感、目的意識のハーモニーが美しい旋律を生むのです。

　けれども、「幸福の度合いなど測れるわけがない」と考える人はたくさんいます。何を幸せと感じるかは人によってちがうだろう、ということです。ごもっとも、確かにそのとおり。
　しかし私は、幸福という言葉には、さまざまな側面と段階が含まれていると思っています。

　幸福度を測り、生活の質を数値であらわそうとするときは、少なくとも幸福の3つの側面を考えなくてはなりません。

　ひとつ目は「生活にどの程度満足しているか」です。
　私たち研究者が調査を行なうときは、被験者にこんな質問をして生活満足度を調べています。
　「生活にどの程度満足していますか？」
　「どのくらい幸せを感じていますか？」
　「0から10までの11段階で評価してください」
　デンマークが世界一の高得点をとっているのは、こうした調査です。

　ふたつ目は、「気分」や「快楽」について。
　日ごろどんな感情を抱いているか、ということです。たとえば昨日を振り返ってみて、怒りや悲しみ、孤独を感じましたか？　笑い声を

あげましたか？　うれしかったことはありますか？　だれかに愛されていると感じましたか？

　3つ目は「ユーダイモニア」について。これは「目的意識」とか「生きがい」といった意味の言葉です。
　もともとユーダイモニアは「幸福」を意味する古代ギリシャ語で、哲学者アリストテレスの幸福観に基づいています。アリストテレスにとって、幸福は「意義のある人生を送ること」でした。
　「ユーダイモニア」を持って生きている人は、幸福度も高いと考えられています。

　原則的に私たち研究者が行なう調査は、1万人以上の対象を科学的な方法で追跡することです。期間は10年以上にもなります。
　10年の間には、昇進する人、職を失う人、結婚する人もいるでしょう。そこで問題になるのは、生活環境の変化が幸福のさまざまな面にどう影響するかということです。

　調査の中では、定期的に同じ人に同じ質問をします。
　「生活にどの程度満足していますか？」
　「どのくらい幸せを感じていますか？」

　同じ問いと答えを世界中で何百万回とくり返すことで、一定のパターンが見えてきます。

　国や地域に関係なく、幸せな人にはどんな共通点があるのか？
　転職や結婚などの変化があったとき、個人の幸福にはどんな影響が出るか？
　幸福な状態に共通する特徴は何か？

　たとえば、医療の分野では「100歳まで長生きする人に共通する特徴」といったことが調べられてきました。こうした調査・研究のおかげで、今では、アルコールやたばこ、運動、食生活が平均寿命に影響をおよぼすことを、だれもが知っています。

同様に、「幸せな人の特徴」についても、さまざまなことがわかってきているのです。

　私が関心を持っているのは、みなさんが自分の人生に対してどう感じているかということ。主観的な物事を研究するのは困難ですが、不可能ではありません。

　先に述べたように、「生活に対する満足」「気分的・快楽的幸福」「ユーダイモニア」を生み出す原動力は何かを理解することがカギだと思います。この３つの側面は当然ながら関連し合っています。

　たとえば一般的に見て、前向きな気持ちで毎日を送る人は、たいてい生活に満足していると答えるでしょう。しかし、気分的な幸福は日によっても刻々と変化します。当然ですが、多くの勤め人は仕事のある平日よりも、休みの週末のほうが前向きになることが多いといえます。このようにあらゆる外的要素が絡み合って、幸福度に大なり小なりの影響をおよぼすわけです。

　そして、もちろん生理学的な要因もあります。脳の中で「快楽」を感じたときに活性化する部位と、「生きがい」を感じたときに活性化する部位は、共通していることがわかっています。

　また、「前向きな気持ちを持つ」ことは「ネガティブな気持ちを持たない」ことよりも、幸福度におよぼす影響が大きいといわれています。これはとても興味深い研究結果です。

私がこの本でみなさんにお伝えしたかったことは、毎日少しずつ幸せを感じるためにも、きっとヒュッゲがお役に立てるだろうということ。たとえ雨が降る寒い日に、仕事で疲れて家に帰ったとしても、本書を最後まで読んでくださったみなさんなら、ヒュッゲできますよね！

　現実を直視すると、私たちの生活はバラ色の天国というわけではありません。しかしヒュッゲとは、むずかしい状況の中でも、今持っているものを上手に活かすことであり、日々の生活にしっかりと根を下ろすことなのです。

　最後に、ヒュッゲと幸福のかかわりをもっとも的確に表現したベンジャミン・フランクリン（アメリカの政治家）の言葉を紹介しましょう。

> 　幸福とはめったに起きない大きな幸運が生み出すものではなく、日々の暮らしの中でちょっと助けられたことや、小さな喜びが積み重なって生まれるものだ。

　さて、そろそろ筆をおいて、父と彼の愛するパートナー（つまり私の継母です）に会いにいってきます。
　ケーキを持っていこうかな！

PHOTO CREDITS

最後にハピネス・リサーチ研究所の研究者たちにお礼を言わせてください。本書の執筆に協力してくれたヨハン、フェリシア、マイケル、キャータンです。彼らがいなければ、本書のヒュッゲ度は今の半分以下だったでしょう。

2016年6月　ラ・グラースにて

日本語版への解説──
自分らしい「ヒュッゲ」を探して

フラワーアーティスト
ニコライ バーグマン

　デンマーク人ならだれもが、毎日使っている言葉「ヒュッゲ」。最近、この「ヒュッゲ」が日本でも話題です。

　本書の日本語版が出版されるにあたり、「ヒュッゲ」の考え方をぜひ日本のみなさんにも知ってもらいたいと思い、ここでは私なりの「ヒュッゲな時間のつくり方」をご紹介したいと思います。

　デンマーク人の私が日本に住むようになり、まもなく20年になります。現在までフラワーアーティストとして、花から広がるデザインの可能性を探りつづけてきました。私のことを知らなくても、私が考案した黒い箱に色とりどりの花を敷きつめた「フラワーボックス」をご存じの方もいらっしゃるかもしれません。

　さて、もしだれかから「ヒュッゲって、何のこと？」と聞かれたら、私は「人と人とのつながりから生まれるもの」と答えます。身近な人と一緒に何かをすれば、そこに「ヒュッゲな気持ち」が生まれます。「ただ、"楽しい"と表現すればいいのでは？」と返されるかもしれませんが、「ヒュッゲ」には、心地よさや温かさ、安心感、リラックスなど、さまざまな感覚が含まれます。

　まっさきに思い浮かぶデンマークでの「ヒュッゲな思い出」は、「サンクトハンス（聖ヨハネ）」と呼ばれる「夏至祭」（本書の160〜161ページの写真が夏至祭の様子）です。近所のみんなが枯れ木などを持ち寄り、大きなたき火をつくって魔よけを願う、夏いちばんのビッグイベントです。子どもたちも夜中まで全員参加です。デンマークの学校では、夏至祭の翌朝は、寝坊で遅刻しても大丈夫。みんなでワイワイお祭りに参加して、おしゃべりしたり、歌を歌ったりして、楽しく過

ごすことが何よりの学習体験だと社会的に認められているからです。

　日本でも、各地でお祭りがあります。日本での暮らしが長い私も、住まいのある地元のお祭りによく参加しています。ただちょっと残念だなと思うのは、お祭り本番の数日前から男性たちだけで集まってビールを飲んだりしていること。女性や子どもたちはどうしているのだろう？　日本には祭りの伝統やしきたりがあり、それぞれの役目があると思いますが、老若男女が一緒に盛り上がるほうが、もっともっと「ヒュッゲ」なのに！　と、いつも思います。

　最近、世界の風潮は「お金はたくさん持っているほどよい」「ある特定の能力に秀でている人がえらい」となっているように感じます。デンマークでは、ここが大きく違います。

　たとえば、人と比べてえらぶったり、派手に着飾ったり、優秀さをひけらかすようなことは、デンマークではステータスだと、とらえられていません。そのような考え方が、世界有数の社会福祉システムにつながっているのかもしれません。「ヒュッゲ」というみんながフラットに共生する文化があるから社会のサポートシステムが生まれ、それがあるからこそヒュッゲな暮らしが持続できる——。だから、「世界一豊かな時間の国」といわれているのだと思います。

環境にトコトンこだわる

　本書を読んでくださったみなさんは、すでにお気づきのことと思いますが、「ヒュッゲ」をつくるには「環境」がとても大切です。

　たとえば、デンマークの会社では「社員食堂」をはじめ、社員のための施設をよくしようとすることが当たり前です。ふだんは質素で手堅い経営者でも、「ヒュッゲな環境をつくる」となると金に糸目をつけない人もいます。健康でバランスの取れた食事を、腕のいい料理人が提供し、空間はあくまでおしゃれに居心地よく——たった１時間のランチタイムであっても、みんなで楽しいおしゃべりをするための「ヒュッゲな空間づくり」に、手ぬかりはありません。そう聞くと、仕事そっちのけでおしゃべりばかりしているのでは？　……と眉をひそめる人もいるかもしれません。しかし、「ルーズである」ということと「リラックスする」ことはまったく別物です。幸せなランチが終

わったら、サッとスイッチを切り換えるのがデンマーク流です。

　もちろん家の中でも、ヒュッゲは家族にとっての最重要テーマ。私の育った実家でも、本文にもあるように、キャンドルが必需品でした。寒い朝、子どもの私が母に起こされてリビングに行くと、暖炉に火がついていて、テーブルにはカンテラ。そして、朝いちばんにキャンドルに火をともすのが私の役目でした。そんな何でもない子ども時代の１日を思い起こすだけで、心が温まるような気がします。

「シンプル＆コンファタブル」──ささやかで心地いいこと

　「シンプルな幸せづくり」＝「ヒュッゲな暮らし」を実践するうえで、私が日本のみなさんに提案したいのは、「家族で過ごす時間をもう少し増やしてみる」ということです。

　多くの日本人は、プライベートで家族やまわりの人たちと何かをするチャンスが少なすぎるように思います。「離れて暮らす家族に、毎日数分間でもいいから必ず電話をかけて声を聞く」「身近な人と、かしこまらずに食事会をする」など、ちょっとしたことでいいのです。相手に遠慮をしたり面倒くさがったりせずに、気軽に声をかけてみてはいかがでしょうか。「ヒュッゲ」のいちばんのポイントは、「シンプル（ささやか）」で「コンファタブル（快適）」なことです。そして、この本にもあるように「人とコミュニケーションをとる」ことはその人の幸福度に大きく影響を与えるといわれていますから、やってみて損はないと思います。

　今現在の私の「ヒュッゲ」のひとつは、早起きして都内の花市場に行き、季節の花を見てまわること。新種の花を見つけたとき、朝のさわやかな空気と太陽の光を胸いっぱいに吸いこむとき……ささやかですが「最高にヒュッゲだな」と感じます。そして、ひと仕事を終えて、市場の中にある古い喫茶店でバタートーストとコーヒーを味わいながら、ホッとひと息入れるとき。この時間が私の「ヒュッゲ」です。

　さて、みなさんの「ヒュッゲな時間」は、何ですか？ ぜひ、コーヒーと甘いものを手に、ゆっくり考えてみてください。本書が、あなたらしい「シンプルな幸せ」を見つけるきっかけになれば、これほどすばらしいことはありません。

◆著者

マイク・ヴァイキング（Meik Wiking）

デンマーク・コペンハーゲンにあるシンクタンク「ハピネス・リサーチ研究所　Happiness Research Institute」CEO。ビジネスと政治学の分野で学位をもち、過去にデンマーク外務省などでの勤務経験がある。「世界一幸福な国」と称されるデンマークにおいて、幸福の大きな要素である「ヒュッゲ」をテーマに執筆した本書はイギリスから火がつき、全世界で大ベストセラーになった。何が人々に健康と豊かさをもたらすかについて研究をつづけながら、講演活動のために世界中を飛びまわる毎日を過ごしている。
https://www.happinessresearchinstitute.com

© Chris McAndrew Photography Ltd.

◆解説者

ニコライ バーグマン（Nicolai Bergmann）

デンマーク・コペンハーゲン生まれ。北欧と和を融合したフラワーデザインブランド「Nicolai Bergmann Flowers & Design」を立ち上げ、国内外にフラワーショップを10店舗以上展開。自身で考案したフラワーボックスは、フラワーギフトの定番として広く認知されている。また、ファッションやデザインの分野でも世界有数の企業と共同デザインプロジェクトを手がける、今や日本でもっとも有名なフラワーアーティストの一人。2017年には新たにジュエリーブランド「NATUR & NICOLAI BERGMANN」をスタート。「日本・デンマーク外交関係樹立150周年親善大使」も務める。
www.nicolaibergmann.com

◆訳者

アーヴィン香苗（Kanae Ervin）

翻訳家。長野県生まれ。神田外語大学外国語学部英米語学科卒。主な訳書に『ブラウンシュガーキッチン』『言葉を伝える花束』（ともにクロニクルブックスジャパン）、『金色の耳』（英訳、バベルプレスUSA）などがある。米オハイオ州在住。

編集協力：リリーフ・システムズ

THE LITTLE BOOK OF HYGGE
by Meik Wiking

First published in Great Britain in the English language
by Penguin Books Ltd., London
Text copyright ©Meik Wiking, 2016
The author has asserted his moral rights
All rights reserved
Japanese translation rights arranged with PENGUIN BOOKS LTD
through Japan UNI Agency, Inc., Tokyo

Designed by Hampton Associates

Lyrics on page 174 from 'The Happy Day of Svante' by Benny Andersen
are from Højskolesangbogen, translated by Kurt Hansen

ヒュッゲ　365日（にち）「シンプルな幸せ（しあわ）」のつくり方（かた）

2017年10月25日　第1刷発行
2024年9月15日　第9刷発行

著者	マイク・ヴァイキング
解説者	ニコライ バーグマン
訳者	アーヴィン香苗
発行者	押鐘太陽
発行所	株式会社三笠書房
	〒102-0072 東京都千代田区飯田橋3-3-1
	電話 03-5226-5734(営業部) ／ 03-5226-5731(編集部)
	https://www.mikasashobo.co.jp
印刷	誠宏印刷
製本	若林製本工場

ISBN978-4-8379-5783-6　C0030
©Kanae Ervin, Printed in Japan